中年ビジネスマンのための令和時代の生き方・働き方

～理不尽な会社をうまく使う方

目次

プロローグ

「生まれ変わったらサラリーマンになりたくありません。もっと人間として生きたいのです」という発言をしたのは、上場会社の元取締役だ。彼は、粉飾決算の責任を取らされ、会社を辞めさせられたのだ。

これは、本書の第四章の「会社人間の哀れな末路」の実例だ。

会社は、会社人間製造マシーン。自分や家族までを犠牲にして会社に尽くす人間に洗脳し、業績を上げる場所。モラルよりも「会社のため」で物事を判断する近視眼的な会社人間をつくりだす。どれだけ、自分を犠牲にして会社に尽くす人間、すなわち社畜をたくさんつくるかによって会社の業績が決まるといっても過言ではない。

そうやって造ってきたたくさんの会社人間は、家畜のように育っていって役目を終えたら、元取締役のように捨てられるのだからたまったものではない。元取締役は、会社から指示を受けた粉飾決算がばれた時に、社長から「辞表を書け」といわれて、会社人生が終わっている。いままで、エサ（給料）を与えてきただけ、ありがたいと思えと言わんばかりの不遜な態度だ。

指示した方が安穏無事であるのに、実行した方は会社を去らなければならないのは理不尽だ。まるで、やくざの親分が、チンピラを扱うのにそっくりだ。だが、チンピラは刑務所に入って娑婆に出てくれば、出世するのだから、まだやくさの方が温情的であり、理にかなっているのかもしれない。

また、会社は、会社人間や社畜だけでなく、過労死やメンタル（精神疾患）などのような病人も作っている。

「君の残業時間の20時間は会社にとって無駄」「会議中に眠そうな顔をするのは管理ができていない」「髪ボサボサ、目が充血したまま出勤するな」「今の業務量でつらいのはキャパがなさすぎる」　わたし「充血もだめなの」　とは、2015年10月30日の高橋まつりさんのツイッターに書かれていたものである。その年の12月に自らの命を絶っている。これは、有名な電通での長時間の過重労働が原因の労災だ。この問題については、第二章で詳しく見ていきたい。

会社で理不尽なことは、他にもある。特に、昇進・昇格といった出世に関するものだ。池井戸潤は、その著書「オレたちバブル入行組」で半沢直樹に出世に関して次のように言わせている。「サラリーマンはピラミッド組織である以上、出世はトーナメント方式で行われるのだから勝者と敗者がでるのは仕方がない。」しかし、「人事は常に公平とは限らない。出世をする者が必ずしも仕事ができる人間ではない。」

つまり、出世は実力だけではなく、上司の好き嫌いや運できまるのだ。したがって、トーナメント方式といいつつ、ルールがあってないのも同じだ。「2018　ユーキャン新語・流行語大賞」にノミネートされた「奈良判定」で有名になった、元日本ボクシング協会の会長が指示したと言われている不正判定がサラリーマンの世界でもまかり通っているのだ。

しかし、会社に造られた会社人間や完全に飼いならされた社畜、出世街道を爆進中の時には、そういった会社の仕組みに踊らされていることに気がつかずに、自分の人生を会社にささげてしまう誤りを犯してしまう。

本書は、自分が会社人間や社畜と少しでも気づいたら、少しでも会社が理不尽であると感じたら、読んでいただきたい。そして、本書にあるような哀れな会社人間になることを避け、自分自身の人生を取り戻し、素の人間にもどるきっかけになれば幸いです。

また、会社に縛らずに会社と対等に生きること、そして会社をうまく使って、やりたいこと、好きなことを追求して、直接社会に役に立っていることを実感する。そして、ワクワクしながら生きる、働くとことを本書は提案している。これからの時代の一つの「生き方・働き方」について著者のつたない経験をもとに具体的に記載した。

もちろん、多様性の時代なので、様々な生き方・働き方がある。本書で書いたことはその中のたった一つのやり方に過ぎないかもしれない。しかし、本書が、読者のみなさんのたった一度の人生を楽しく、充実して生きるためにほんの少しでも参考になれば、これほど嬉しいことはありません。

本書を校正しているときに時代は、「昭和」から「令和」になった。

漢学学者の阿辻哲次氏によれば、新しい元号「令和」の出典とされる『万葉集』第五巻の「初春令月　気淑風和」にある「令月」は「令」を「すばらしい」という意味で使い、「（新春の）よき月」であることを言うことらしい。「和」は、「おだやかな、争いのない」という意味であり、昭和を代表として、元号として１９回使われている。

つまり、「令和」とは、すばらしいおだやかな、争いのない時代と解釈できる。一方、安倍首相は、「令和には、人々が美しく心を寄せ合う中で、文化が生まれ育つという意味が込められている」などとする談話を発表している。

これからはじまる「令和」の時代がビジネスマンにとって、過労死がなく、他人と争うのではなく、お互いの強みを伸ばしつつ、協調してイキイキと働ける、すばらしい時代になることを祈願しています。

令和元年5月1日　寺島はじめ

第一章　会社は、「会社人間」を造っている

第一節　会社人間はこうして造られた

「新人類」

これは、従来とは異なる価値観や感性をもつ若い世代を、新しく発見された人種のようにいう。（大辞林第三版）私が新入社員のころ、このように呼ばれた。１９７９年に始まった「共通一次試験」という一律のハードルを飛び越えた世代で、マンガやアニメ、テクノポップなどを嗜好し、インベーダーゲームが大流行。元祖サブカル世代とされ、一風変わった若者たちという趣旨で語られた。

当時は、「ジャパン・アズ・ナンバーワン」と言われ、日本企業の国際的な地位が高まり、ビジネス環境が成熟してきた時代。拡大一辺倒だった６０年代のアンチテーゼとして「猛烈からビューティフルへ」というコピーが話題になったが、日本企業が絶頂期を迎える中、仕事量は膨大でビューティフルとは言いがたい働き方が続いた。

次の世代がバブル世代。企業が規模拡大を目指して大量採用を行い、空前の売り手市場を形成。大卒の5割以上が一部上場企業に入ったと言われ、多くの若者が請われて入社した。そして、団塊ジュニア世代、ポスト団塊ジュニア世代、ゆとり世代と続き、最近よく耳にするのがZ世代である。これは、子供のころからインターネットが普及していて、インターネットやSNSを使いこなす世代らしい。いつの時代も若い世代を何かの標語でたとえ、世相を反映した呼び名をつけるのだ。世代の特徴はあくまでも平均値でしかないが、それぞれの世代の行動や精神構造を理解するには役に立つかもしれない。

当時、私は新人類と言われたが、仕事に対しては熱意もあったし、一緒に研修をしてきた同期入社には負けたくないという気持ちや、出世したいという意欲はあった。会社に併設した独身寮に住んでいた利便性もあって、たびたび深夜まで働いた。最寄りの路線で終電がなくなると、上司である部長を自分の車で、電車が動いている駅まで送りにいったこともしばしばあった。所属していた技術センターは、「不夜城」と呼ばれていて、電気が消えることはなかった。「仕事が趣味だ」と豪語する人たちがいた。

バブルがはじけると、残業規制が強化され、いくら働いても予算以上の残業をつけることはできなかった。たしか、5時間／月／人が予算であったと記憶する。今であれば、労働基準法違反で、労働基準監督署から指導を受けることになるが、当時は違法なことがまかり通っていた。こういった残業規制に対し、大学時代にカール・マルクスの「資本論」をかじっていた私は「労働の搾取だ！」と言って、よく上司と衝突したが、そのうちに長いものに巻かれるようになっていった。

残業だけでなく、コストの削減もトップ指示で出され、盲目にコストダウンを行った時期もあった。リストラ・早期退職も行われていたようであったが、まだ若かったので、こういった制度が自分に関係するとは思っていなかったので、まったく気にすることはなかったし、理解しようとも思わなかった。そして、係長や課長に昇進し、部下を持つにつれて、責任を感じながら、会社の中で、少しずつ社会人として育っていった。

「上司の指示が30秒遅れる」

土曜日のお昼時に、家族でファミレスへ自動車で移動中に携帯電話に着信があり、運転中であったので、電話に出ることができずに、駐車場にすぐ車を止めて返信した時の上司の第一声だった。すぐに電話に出ることが出来なかったことを非難しているというのは理解できたが、休日であることと、相手の状況も配慮しない無神経さに、さすがに、カチンと来たが、頭にくるというよりも、呆れてしまった。

上司は、私よりも１０歳ほど年上で、マネジメント経験豊かなはずだから、部下をどう動かしたらやる気が出るかを十分理解しているはずだ。しかし、これでは逆効果でモチベーションが下がるどころか、反発を買うだけだ。

その上司は、上のポストが見えているので、彼の上司である常務の指示をすぐにでも対応して、点数を稼ぎたかったのは見え見えだった。もう少し、相手（部下）のことや休日であるという状況を鑑み、部下をやる気にさせる言い方はできないものかと愕然とするとともに、こんな上司の部下であることが情けなくなった。私も、課長という立場で、数年間ではあるがマネジメントの経験があったので、指示の最も悪い典型的なパターンであることはマネジメント研修でも学んでいたし容易に理解できた。上に立つものは、真摯さが必要だ。彼の言動には、誠実、高潔、廉直といったことが微塵も感じられないのだ。経営学者であるＰ・Ｆ・ドラッカーの本で読んだこと言葉が、繰り返し頭の中に廻った。

電話の内容は、私が管理しているある指標に関する簡単なことだった。もっと面倒な指示であれば、その場で切れていたかもしれないが、なんとか我慢することができた。

「単細胞」

その上司に対しての部下が日常使う隠語だ。上司から言われたことをそのまま部下に展開するからだ。まるで、パブロフの犬のように、刺激があると、単純に反応するのだ。刺激と反応の間で、自分で判断したり、取捨選択をするのが普通だと思うが、そのまま感情的に反応してしまうのだ。単純な性格であることが、部下からは丸見えだった。

上司は、部下から尊敬されるものだと思っていたが、自分の保身や出世だけを考えて部下を動かす上司が残念ながら存在する。そういった上司が出世するのだから、世の中理不尽だ。その時に、たとえ仕事が出来ても、相手の立場に立つことができない、人間性のない者は、人の上に立つべきでないと思った。自分は、絶対にこういった上司のようにはならないと、心に誓った。

「休日でも納期を守れ」

別の日であるが、やはり土曜日の午前中に上司からの電話があった。その時に、上司から言われた言葉であった。いつも土曜日に電話がくる。あとで知るのだが、常務の奥さんが日曜日は家庭サービスの日だから仕事をしてはだめと言われていたので、常務はいつも土曜日になると私の上司に指示を飛ばしていたのだった。その被害を受けている多くの部下がいるなんて、どうでもいいことなのだ。

若くして常務になったから、当然もっと上のポストを狙っていたのだろう。したがって、部下は出世のための道具にしか思っていない。なんて、自分勝手で、自己中心の人なのだろうと、呆れるとともに心から軽蔑した。

当時、三日報告といって、毎月の三日が納期となって、指標をまとめて提出するようになっていた。しかし、当月の三日が、土曜日だったので、私は勝手に翌週の月曜日の午前中に提出すればよいと思っていた中での、電話だった。

電話の先で、私が担当している指標を提出するように言われた。でも、今日は休日なので、来週の月曜日でいいのではないかと回答した。「三日報告は三日だ！」と叫ぶ上司の声が聞こえた。すぐに、常務からの指示であったことを理解した。

理不尽だとは思いつつも、その後、指標を集めるために、休日中の対応であるというお詫びと常務の指示という言い訳をしながら、電話をかけまくってなんとか、その日に返信をすることができた。やりきったという達成感はなく、やらされ感でどっと疲れがでた。そして、こんな毎日が続くと思うとぞっとしたものだった。しかし、残念ながら、こんな日が数年間続いた。その間、単細胞は、常務の推薦もあって、昇進していった。

その後、単細胞は、地方の事業所に転勤になり、いよいよ自分のやりたいようにできると爽快な気分になった。新たに就任した上司は、昔からの関係があり、気心が知れていたし、私を買っていた人だったので、非常にやりやすくなった。心の中では、絶対に単細胞や日曜パパの常務などのように、部下から尊敬されない、軽蔑されるような上司にはなるまいと心に決めていた。

そういった経験から、理不尽な指示や脅しで部下をマネジメントするのではなく、部下が仕事をやりやすい環境をつくり、部下の可能性を引き出すようなマネジメントをしたいと心から思っていた。そのために、ビジネス書を読んだり、セミナーや研修にも積極的に行って、学んだことを実践してみるようにした。

上司からは期待され、責任のある仕事が任されるようになって、運よく部長にも昇進した。上司の期待に応えるために深夜まで仕事をすることがあった。また、部下が仕事をしやすくするために、関係部署との調整やマネジメント能力を上げるために社外の勉強会や異業種交流にも参加していたので、家庭を振り返る余裕がなかった。

夕食は、会社の食堂で食べ、部下とのコミュニケーションを図るために飲み会も行っていたため、家に帰ると家族は寝ていて、家族とのコミュニケーションはほとんど取れていなかった。休日も、どちらか一方は仕事をして、残りの一日は、疲れた体を休めた。趣味のゴルフも、時間がもったいないのと、住宅ローンの返済を考え、辞めてしまった。

その時すでにりっぱな会社人間に育ってしまっていたのだった。

今思うと、周囲の期待に応えることと、理不尽な上司には絶対にならないという思いから会社にどっぷり浸かってしまった。もちろん、出世したい、人よりいい生活がしたいという上昇意欲も人並みにはあったのは事実だ。ただ、決して家族との時間を犠牲にするつもりはなかったが、結果として会社で過ごす時間が大半を占めてしまっていた。こうやって、私は自分の意思に関係なく、会社人間に育っていったのである。

これまで、会社人間が造られた事例を私個人で見てきた。次節から、学者の理論や時代背景、そして両親や周囲の大人たち、経営者の視点から会社人間がなぜ造られるかを考えてみたい。

第二節　なぜ、会社は「会社人間」を造るのか

なぜ、会社は「会社人間」をつくるのか？

理由は明白だ。

会社に忠誠を誓い、私生活より会社の業務を優先し、会社の売り上げを伸ばし、利益に貢献する。時には、徹夜も辞さない。そんな都合の良い人間を会社は欲しているのだ。会社の言いなりになって、もくもくと真面目に働く、そういった社畜を飼うのが、会社にとって都合がいいのだ。会社の指示にいちいち反発し、正論を吐いて自分の趣味や生活を優先する人間は、扱いづらいだけで、評価はされない。そういった人間は、自然と閑職に追いやられ昇進することは望めない。

高度成長期の右肩上がりの経済状況の中で、ジャパンアズＮＯ．１といわれた日本的経営。終身雇用、年功序列、企業別組合といった、いわゆる「三種の神器」が、その成長を支えた。

ＣＭソング「勇気のしるし」で一躍有名になった栄養ドリンク「リゲイン」が発売されたときはバブルの絶頂期であった。「２４時間戦えますか」というキャッチフレーズにあるように、日本全体が、企業戦士（当時は、会社人間というよりも会社で戦うという意味で、企業戦士という言葉が時代に合っていたと推察する）を礼賛する風潮があり、会社のために長時間労働をする会社人間がますます増加していったと考える。

ここで、会社人間がつくられる理由について、京都大学名誉教授で、社会心理学者である田尾雅夫氏が書いた「会社人間はどこへ行く」（中公新書）で述べられていたふたつの理論について紹介する。

一つ目は、同調の理論。同調とは、ある人がある人の考え方や意見に従うことであり、二人以上の人が集まれば、必ずといってもよいほど、考えを調整する作業が必要になるために同調が行われるという。会社であれば、社員研修などでその会社の理念や社長メッセージなどで洗脳し続け、賞与考課や昇進という餌をつかって、会社の文化や思想といった考え方や意見に従うよう同調を強要する。いわば、会社は同調創出マシーンであると述べている。同調を繰り返すことで、徐々に会社に従順で指示に素直に従う会社人間を造っていくのだ。

二つ目は、組織ミットメントの理論。同調は、その場にいるとやむを得ず、あるいは、いつの間にか、そのようになっているという受け身のものであるが、組織コミットメントは、積極的に会社に関わる組織への帰属意識を表す概念と述べている。つまり、受け身であったものが、いつの間には積極的に会社に従い、貢献しようという意識になると言う。同調から、忠誠心やロイヤルティーに置き換えられていく。では、どのように個人が会社に忠誠するようになり、組織にコミットメントするようになるのだろうか。本書では、三つの側面から説明している。

一つ目は、「社会化」。誰でも毎日のようにつきあっていると、嫌でなければ好きになっていくという順応過程である。同じ体験の繰り返しは、距離感を少なくし、慣れ親しむようになり、会社の人になっていくのだ。誰でも、はじめは使い勝手がよくなくて、違和感があっても使い慣れていくうちに愛着が増すなどはよくあることだ。

二つ目は、「人生イベント」。会社に慣れ親しんで、少しずつ会社の人になってきて、結婚して家庭を持ったり、親の介護を行わなければならなくなったりするなど、人生にはさまざまなイベントが起きる。だんだん自分に依存する人が多くなり、そうなればなるほど、責任を自覚し、それに伴い会社への関与や愛着が増大する。それまで、嫌なことがあれば、転職すればいいという安易な考え方をしていたとしても、それを変えなければならなくなってくる。

こういった人生イベントに合わせて、会社は帰属感情の高揚を意図するようなイベントを企画する。年始の社長挨拶、社歌の合唱、社内の運動会などの全社をあげての行事だけではなく、定期昇給や昇進で、家族を養える力を会社はつけてくれるから会社への依存度がますます上がってくるのだ。

ちなみに、時代と共に衰退していった社内運動会であるが、最近は復活の兆しがみられているようだ。社員同士の絆や、コミュニケーションを深めるなどを目的に、20数年ぶりに復活した企業があったり、ITベンチャー企業数社が合同運動会を行うなど、スポーツイベントを実施する企業が増えている。どこの会社も、労働力不足の中、優秀な人材を繋ぎ止めたり、労働力を確保するために会社への帰属意識を高めるために必死な努力をしているのだろう。

三つ目は、「服従・同一視・内在化」。人間は、服従、同一視、内在化の順に、奥深いところで態度変化が生じるという。服従とは、いわれてしかたなく、強制的に会社に服している段階である。同一視では、会社との距離が小さくなって、会社を身近に感じるようになってくる、もしくは、積極的に受け入れようとする。内在化の段階に至ると、会社を自我に一部として感じはじめ、それを自分のことのように思うようになるという。

こうして、会社のカルチャーを受け身で同調し、さらに会社へのコミットメントを深めることで会社人間らしくなり、会社は会社人間を製造することになる。

第三節　親や周囲の大人たちが会社人間をつくる

会社人間は、なにも会社だけがつくってきたわけではない。親や周囲の大人たちが、良い大学にはいって、大きな企業に勤めるか、公務員になれば、老後は安泰で、人生が保証されていると考え、子供たちを育ててきたことも一因ではないかと考える。つまり、大きな会社にいて、会社の言うことを聞けば、人並みの生活ができて、幸せになれるという神話を信じてきた大人たちや社会が、会社に忠実な人間をつくってきた背景にあるのだ。

かつて、高度成長期からバブル崩壊までの時代は、年功序列制度であったので、上司の言うことを聞いていれば、それなりに出世もできて、給与も上がっていった。そして、定年退職時には、職場のみんなでパーティーを開てくれて、女子社員から花束が贈呈されたのだ。(最近では、退職者が多すぎて、いちいち大きなパーティーが出来ないので、質素なものが多くなってきた）安定して生活ができて、誰もが通ってきた人生を親や周囲の大人たちは、期待し、自分の子供や孫に、そういった生き方が幸福な人生であると言い聞かせることが、会社人間を育てる要因の一つになっている。

「お子さん／お孫さんに勤めてほしい企業」では、第1位「国家公務員」、第2位「地方公務員」、第3位「トヨタ自動車」以下大企業がずらっと並ぶ。昔も今も、親や周囲の大人たちの安定志向は変わっていないようだ。これは、リンクモンスター株式会社が2017年に行った第6回の調査結果だ。多様化の時代になったと言われて久しいが、今も、神話は生き続けているのだろう。

ちなみに、私の父親は、中卒で田舎から丁稚奉公で東京に来て、松下幸之助を尊敬する人であった。母親も同郷の生まれで、学歴はなかった。そんな両親だったからこそ、自分の子供だけには良い学校にいって、有名な企業にはいってもらいたかったのだと思う。小学校時代には、そろばん塾や学習塾に通わせてもらい、中学、高校時代には、学習塾のほかに、代々木ゼミナールや駿台予備校の講習には、いきたいと言うと行かせてくれた。決して裕福な家庭ではなかったが、子供のことを思ってくれていたのだろう。今、親になって当時を振り返ると、結構なお金を出してくれたのだと大いに反省する。本人は、ただ友達が行くから行きたいだけで、友達と一緒に行けるのが楽しみで、それほど真面目に授業を聞いていた記憶がないからなおさらだ。

そんな父親は、私が、いわゆる大企業に入ったあとに、亡くなった。また、母親も、それなりに昇進したあとに亡くなっているので、親の期待には一応、応えられたたとホットしている。しかし、いままで自分が生きてきた人生は、自分で歩んできたというよりも、両親の期待に応えるためのものだったのではないかと思うことがある。

私の尊敬する多摩大学大学院教授であり、シンクタンク・ソフィアバンク代表の田坂広志氏から頂いた、田坂塾の塾生向けのメルマガ「風の便り　第178便」を見て反省する。ちなみに、田坂塾とは、田坂氏が主宰する「人間成長をめざす経営者やリーダーとの切磋琢磨の場」として、講演会を中心とした私塾である。

そのメルマガの内容は、

アメリカの初等教育において、子供たちに教える言葉があります。

Define your own success.

あなた自身の「成功」を定義しなさい。

この言葉を聞くとき、我々は気がつきます。

世に溢れる「勝者」や「勝ち組」という言葉の中で、自分自身が定めた「成功」の基準ではなく、社会通念が定めた「成功」の基準によって無意識に、人生の道を選んでいく。

しかし、自分自身の「成功」を定義しようとするとき、我々は、しばしば、さらに深い問題に突き当たります。

自分が本当に求めているものが、分からない。

そして、敢えて、聞こう。

我々の「人生の成功」の定義とは何か、と。

（「風の便り　第１７８便」）

これを読んで、私は、自分自身が定めた「成功」の基準ではなく、社会通念が定めた「成功」の基準によって無意識に自分の人生の道を選んできたのではないかという考えが頭をよぎった。同時に、いままでの人生が両親の期待に応えるための人生で、自分ならではの人生を歩んできてなかったのではないかと思うと、取り返しもつかないことをしたのではいかという焦りと不安が心の中に湧き上がってきた。しかし、もう過去にはもどれないし、過去を変えることはできない。

今は、多様性の時代であり、グローバルの時代。画一的な生きた方に人生の正解を求めるような時代ではない。人ひとりが、社会通念が定めた「成功」の基準ではなく、自分自身の生き方を自問自答しながら、それぞれの道を歩んでいくのだ。オンリーワンの時代といってもいいのかもしれない。

第四節　経営者が会社人間を造っている

２０１７年の全国社長の平均年齢は、前年より０．２６歳延び６１．４５歳（東京商工リサーチ調べ）となり、調査を開始した２００９年以降で最高年齢を更新した。団塊世代の社長交代が進まず、高齢化が一層顕著になったという。

つまり、現在の日本企業の経営者たちは、高度成長期以降に生まれ安定成長期に仕事を行ってきた。もちろん、バブル経済も経験している。当時は、仕事をすればしただけ稼ぐことができたので、深夜までの残業や土日の休日出勤もいとわずに働いていた。家族と過ごす時間を削り、自分の時間を犠牲にして会社のために働いてきた世代である。そして、経済成長とともに、成功体験を重ね、どんどん出世していって、見事に頂点に達したのだ。がむしゃらに働いてきて今の地位を獲得したという成功体験の持ち主が今の経営者たちといっても過言ではない。

そういった経営者が、働き方改革ブームに乗って、過重労働防止や長時間労働削減、ワークライフバランスなどと口をそろえて言っているのだから、本音であるか大いに疑わしい。人間は、簡単に過去の成功体験を捨てられるものではない。心の底では「昔は、もっと働いてきた」「昔は、サービス残業は当たり前」「昔は、子供の入学式や卒業式なんかは出席したことがなかった」などと思っているにちがいない。つまり、本心では、昔自分たちがやってきた、がむしゃらの方法で従業員をもっと働かせて利益を得たいと思っているのだ。

それを裏付ける考え方として、人間には、「現状維持バイアス」というものがある。これは、人間には現状維持を望む習性があり、未知なもの、未体験のものを受け入れず、現状のままでいたいという心理だ。要は、昨日と違う今日、今日と違う明日をなかなか受け入れられないのが人間だ。特に、年齢を重ねるほど、その傾向は強くなるという。年寄りに頑固な人が多いのはこのためだ。自分では、変化を好んでいると思っていても、無意識のうちに変化を拒んでいるのだ。

つまり、今の経営者たちは、「現状維持バイアス」から、今でも過去の成功体験、すなわち、がむしゃらに働くことが正しく、成功するただ一つの方法であると信じている可能性が高い。実は、今の経営者こそが「会社人間」であり、会社の中でも、最も育ちが良い「社畜」であると言えるのではないか。

また、アメリカ合衆国の心理学者で、現在マサチューセッツ工科大学スローン経済学部の名誉教授を務めるエドガー・H・シャイン氏の著書「組織文化とリーダーシップ」によると、「リーダーは自分の一挙手一投足すべてが束ねるチームの文化を創っていく」と述べている。

これは、社畜経営者の一挙手一投足の仕事ぶりを見ている役員や部長といったマネジメント層がむしゃらに働くことを良しとする文化を引き継いでいることを裏付けている。そして、会社のために家庭や自分の時間、趣味を犠牲にして働くことがＤＮＡとなって、文化として定着してしまっているからなかなか変えることはできない。そして、経営者たちは、自分が意識することなく、無意識のうちに、自分を犠牲にして、会社のために働く会社人間を造っているのだ。

ここで、リーダーシップの力、権力に関して、しばしば語られる小話を紹介しよう。これも、前述の田坂氏から教えてもらったものだ。

ある国で、軍事クーデターが起こった。クーデターの首謀者である将軍は、民政を倒して独裁体制を敷いたが、そのクーデターを国民が支持しているかが気になった。そこで、その将軍は、年寄りの労働者に変装し、人々の集まる映画館に行ってみたという。

映画の前のニュース放映のとき、最近のクーデターが報道され、画面に、戦車に乗った将軍が登場した。すると、映画館にいた観客は全員総立ちになり、将軍を誉め讃える拍手を送った。

満場の観客が拍手する姿を見て、「このクーデターは、国民から支持されている」と感激して椅子に座り込んでいた将軍に、隣で立って拍手をしていた若い労働者が、ささやきました。

「おい、じいさん、拍手しな。　拍手しないと、殺されるぜ。」

リーダーが無意識に振り回す権力それは、しばしば、メンバーから、自分の好む意見を引き出してしまうのだ。つまり、経営者やマネジメント層は、自分が好む働き方をメンバーに無意識に押し付けるのだ。そして、会社のために家庭や自分の時間、趣味を犠牲にして働く会社人間を、経営者自身が造っていることに気がつかないのだ。いわんや、自分自身が一流の社畜であることにも気がつかないのであろう。

第五節　「企業戦士」「会社人間」「社畜」

「会社人間」とは、「会社を自己が第一に属する場、自分の第一に身をおく場所とするあり方。家庭や交友関係よりも会社を重んじるあり方などを意味する表現。」であると実用日本語表現辞典にある。

では、この言葉が登場したのはいつごろだろうか?

前述の「会社人間はどこへ行く」によれば、二度のオイルショックを経て、団塊の世代が企業社会に入り込むころから、少しずつ、企業戦士の退場が始まり、会社人間が登場するとある。会社人間の前に、企業戦士という言葉があったのだ。この企業戦士とは、わが国の高度成長期以降の経済発展を支えた典型的な組織人としてモデル化されたものだ。

団塊の世代とは、堺屋太一氏の小説「団塊の世代」に由来するもので、1947年（昭和22年）~1949年（昭和24年）生まれとされている。その世代が、大学を卒業して会社に入った時代というと、1969年（昭和44年）～1971年（昭和46年）となる。したがって、1970年代以降に企業戦士という言葉が、会社人間という言葉に変わっていったのだろう。

しかし、前述したようにバブル時代には、「企業戦士」という言葉が復活している。当時のリゲインのCMを見ている体験から言うと、まさに職場は戦場。ビジネスマンは「企業戦士」がぴったりだった記憶がある。また、「モーレツ社員」という言葉も聞いたことがあるだろう。これも、企業のCM（丸善石油（現・コスモ石油））が発端で、当時一世を風靡した言葉のようだ。しかし、今日「モーレツ社員」という言葉は、会社の中ではあまり聞かれることはない。自分の身や家族を顧みずに会社や上司の指示に盲目的に従うサラリーマンを揶揄する言葉はいつの時代にも創出され、CMの効果もあってもてはやされたのだと思う。

「会社人間」という言葉に戻ろう。この言葉は、今でも生きているのだろうか？

2018年7月21日付の日本経済新聞に、「会社人間」は死語になったとの記事が記載されていた。その記事では、会社のために生活を犠牲にするか、年齢別に聞いた結果を紹介している。「会社のためなら自分の生活を多少犠牲にするのは当たり前」と考える人は、60代で2人に1

人。しかし若くなるほど減り、20代では4人に1人弱になる。また「会社の人や仕事のつながりを離れて、趣味や勉強、社会活動を行っている」人の割合は年長者ほど低く、若い世代ほど高い。世代交代が進むにつれ「会社人間」という言葉は死語になりつつあるという記事が記載されていた。

また、公益財団法人日本生産性本部は、2018年春に実施したグローバルマネジメント・センター主催の新入社員教育プログラム等への参加者を対象としたアンケート結果では、「残業が少なく、平日でも自分の時間を持て、趣味などに時間が使える職場」を望む回答が過去最高(75.9%)となったことを公表しており、意識の変化がうかがえる。たしかに、かつての高度成長期から二度のオイルショックを経て、バブル経済およびその崩壊を経験し、日本的経営が衰退する中で、会社員の意識も変わってきたのは確かだ。

では、サラリーマンが、会社とは一線を画し、家庭や趣味の時間を持つようになって、意気揚々と働いているのであろうか?

厚生労働省が発表している平成29年度の「過労死等の労災補償状況」を見ると、精神障害の請求件数は1，732件で前年対比146件の増となり、うち自殺未遂を含み自殺件数は前年度比23件増の221件であった。この統計は、仕事による強いストレスなどが原因で発病した精神障害の状況について、厚生労働省が取りまとめたものだ。

サラリーマンの会社に対する帰属意識の調査結果とは裏腹に、仕事によるストレスは増加しており、精神障害の件数が増えている。また、第2章で詳細述べるが、いわゆる一流企業といわれている大企業でも、過労死もしくは過労自殺を継続的に発生させており、サラリーマンにとって、労働環境は決して改善されているとは言えない状況にある。

これらの背景の一つに、労働力不足から長時間労働の問題を引き起こしていることやブラック企業なるものの出現が考えられる。ちなみに、ブラック企業とは、厚生労働省では、明確に定義していないが、①労働者に対し極端な長時間労働やノルマを課す、②賃金不払残業やパワーハラスメントが横行するなど企業全体のコンプライアンス意識が低い、③このような状況下で労働者に対し過度の選別を行う、という特徴があるという。

さて、サラリーマンの意識調査をもう少し見てみよう。

2018年4月27日付の日本経済新聞に掲載されたトーマツイノベーション（東京・千代田）の新入社員へのアンケート結果として、仕事で成果を発揮し、高い地位を得たいという気持ちも強くなっている結果を公表している。具体的には、管理職を望む人は前年よりも0．9ポイント上昇しているという。

また、大手人材広告企業である株式会社マイナビの調査でも、2015年以降減少傾向にあった「出世したい」「どちらかといえば出世したい」が18年は3．6ポイント増の91．9％に高まった。さらに、日本能率協会が職場は実力・成果主義と年功主義のどちらがいいかを聞いた質問では、14年の前回調査よりも8．6ポイント高い65％が実力・成果主義がよい、と答えている。

先の調査結果にあるように、若い世代ほど個人の時間や趣味などを優先する傾向にあるようだが、管理職になりたい、出世もしたいという意識に新入社員は、変わってきているようだ。もちろん、多様化の時代なので、かつてのように「企業戦士」や「会社人間」が一世を風靡するようなことはないと思うが、こういった上昇意欲が、次第に会社重視の生活になり、会社人間になっていく土壌はあると考える。

いままで述べたように、同調の理論や組織コミットメントの理論からも会社は会社人間を製造し続けるだろうし、周囲の大人たちが拍車をかけ、経営者やマネジメント層が仕事重視の文化を作っていくことは、今後も継続するものと考える。

したがって、自分の時間を重要視する新入社員もいつの間にか、少しずつ会社人間に育てられてき、家族や自分の時間よりも会社を優先する会社人間は、あいかわらず造られていくものと考える。

尚、本書において、「企業戦士」「会社人間」「社畜」といった用語を使っているが、それぞれの定義を厳密に使い分けることはせず、いずれも冒頭にある実用日本語表現辞典にある「会社人間」の定義を採用していることをご了解いただきたい。

第二章　会社は病人を造っている

第一節　会社は病人を造っている

「何をモタモタしているんだ！」頭上で、課長の罵声が破裂していた。

これは、「会社人間カルテ」朝日新聞東京本社社会部、新潮社、昭和６１年４月２５に記載されているシーンの一つだ。

これは、お茶を誤って課長の膝にかけてしまったときの課長の叫びだ。同じことが二週間前に、若手がやったときには「もっと落ち着けよ」と笑っていたという。なんで、自分の時は怒鳴られなくてはいけないのかという疑問と困惑が、精神的に追い詰めたきっかけになったという。この「お茶事件」を契機に、お茶をかけてしまった人は思い込むようになった。そして、課長だけでなく、全員が村八分にしているという妄想が肥大し、精神科に通院するようになった。

先にも引用した厚生労働省の公表資料によると、平成２９年度の精神疾患の労災申請は１，７３２人、認定は５０６人と、いずれも過去最多になった。申請は１０年前の１．８倍となり、認定は初めて500人を超えた。労災認定された人が精神疾患を発症した原因は「嫌がらせ、いじめ、暴行を受けた」が最も多く、「仕事内容、仕事量の変化」が続く。職場でのハラスメント（嫌がらせ）の広がりや過重労働が問題と考察される。

つまり、うつ病などの精神疾患にかかり、労災認定を受けた人が年々増加し、会社に関することが原因とする「心の病」の増加に歯止めがかかっていない。

前出した著書は、今から30年以上も前だが、状況は改善されていないと考える。当時、日本青年社員連合会が会員を対象に行った心の健康状態を知るためにアンケート調査結果をみると過半数は何らかの形で心を病んでいるという。（前出「会社人間カルテ」）

近年では、情報化やグローバル化、少子高齢化が進展し、労働人口の減少などもあり、人手不足といった環境変化がそういった状況に拍車をかける。さらに、ブラック企業なるものが登場し、ますます労働環境は悪化する。また、価値観の多様性が進むなど、かつてのように一生懸命勉強し、良い学校、良い会社に入り、安泰な老後を迎える人生といった画一的な生き方が通用しない世の中になってきた。つまり、生き方のロールモデルというものが存在しなくなったのだ。しかも、努力すれば報われるような時代ではなくなった。かつて人気を博したNHK番組の「プロジェクトX」のように、努力すれば必ず報われた時代は終わりを告げ、一人ひとりの努力だけでは、どうにもならない時代になってきた。

もちろん、そういった状況を鑑み、企業は「心の病」へのさまざまな施策を展開している。メンタルヘルス研修の実施、カウンセリング室の設置や社外の心の健康相談、ストレスチェックなどを行なっている企業も多い。電通の過労死事件をきっかけに政府主導ではじまった「働き方改革」として、残業規制やテレワークの導入、AI、IoTによる生産性向上などの施策が行われるようになった。

しかし、前出したように「心の病」の減少に歯止めがかかっていない。これは、企業が行っているさまざまな施策が、政府やマスコミ対応、社内政治対応になっていて、魂が入っていないのではないかと考える。残念ながら、企業内には、遅くまで残業している人や長時間労働そのものを評価する文化がまだまだ残っている。こういった表面だけ取りつくっている施策の展開だけでは、「心の病」が減少することは期待できそうもない。

会社は、病人を造っているという意識を持ち、見せかけで、小手先の施策を行うことに終始することなく、長時間労働により成果を上げるという間違った成果主義をあらため、従業員が健康で、イキイキと働けるように、企業文化そのものを変革する必要があると考える。

そして、会社は、売り上げや利益だけに注目するのではなく、それを生み出している経営資源である社員に対しても同様の注意を払うべきだ。会社での人生が一人ひとりのたった一度の大事な人生を大きく左右するという認識を持ち、経営者自らが実践し、全力で、「心の病」への対策を行うべきである。

第二節　過労死は会社の責任

「君の残業時間の２０時間は会社にとって無駄」「会議中に眠そうな顔をするのは管理ができていない」「髪ボサボサ、目が充血したまま出勤するな」「今の業務量でつらいのはキャパがなさすぎる」　わたし「充血もだめなの」　とは、２０１５年１０月３０日の高橋まつりさんのツイッターに書かれていたものである。その年の１２月に自らの命を絶った。長時間の過重労働が原因だとして労災と認定されている。

今から２４年前、１９９１年8月２7日、電通に入社して2年目の男性社員(当時２４歳)が、自宅で自殺した。いわゆる「電通事件」である。男性社員の１ヶ月あたりの残業時間は１４７時間にも及んだとされる。遺族は、会社に強いられた長時間労働によりうつ病を発生したことが原因であるとして、会社に損害賠償請求を起こした。これは、過労に対する安全配慮義務を求めた最初の事例とされ、この訴訟をきっかけとして過労死を理由にした企業への損害賠償請求が繰り返されるようになったといわれる。2000年、この裁判は同社が遺族に1億６８００万円の賠償金を支払うことで結審した。

なぜ、24年前に事件を起こした会社で、同じ事件が再発するのだろうか。

発生した原因が異なるのであれば、新たな対策が必要であるが、今回も24年前も、亡くなった方は、新人で、かつ過重労働が原因であり、まったく同じだ。つまり、問題が再発するのは、根本的な原因が究明されておらず、そこに対策、つまり本質的な対策が打たれていないからだ。

ブラック企業被害対策弁護団代表である、弁護士の佐々木亮氏は、長時間労働規制には、次の3つが必要であると述べている。一つは、制度の改善である。単純な例としては、労働時間の上限を決めてしまうということである。具体的提案内容としては、1日の上限は10時間（労働協約により1日12時間まで延長可能）、1週の上限48時間（労働協約により1週55時間まで延長可能）、各週の実労働時間のうち法定労働時間（週40時間）を超過する部分の時間の合計の上限年間220時間を提案している。

二つ目は、制裁である。法違反や過労死認定をされた企業名を公表し、インターネットでも検索できるようにし、社会的制裁を加えこと。また、法違反や過労死を出した企業については、公的事業（国や地方公共団体）への入札の参加を一定期間禁止するなどのいわゆる公契約法の制定が必要であると述べている。

三つ目は、文化を変えることである。長時間労働を受け入れてしまっている我が国の文化を変えなければいけないと述べている。これは過労死事件を他人事と考えることをやめるということでもある。過労死事件が起きると、必ずと言っていいほど、「俺はそれ以上働いても大丈夫だった」という者が表れる。そして、亡くなった人間の方に非難の矛先を向けるのである。極めて想像力の乏しい、非常にレベルの低い言説である。一体全体、大丈夫だったから何だというのだろうか?自分は大丈夫だったから、お前も大丈夫のはずだ、大丈夫でなければならない。そう言いたいのだろうか。これはただ想像力の乏しさを露呈する言説に他ならないと述べている。

私は、この文化の改善がもっとも重要であると思う。つまり、いくら制度を整備してもそれを運用するのは人であり、その人の行動を左右するのは文化だと考えからだ。もちろん、二つ目の制裁も抑止力として必要であるが、根本的な対策にはならない。飲酒運転が刑罰を厳格化したことにより減少したように、刑を重くしたことで、犯罪は減少するかもしれないが、刑を逃れるために替え玉出頭など別の問題も起きているようだ。したがって、制裁だけでは根本的な対応であるとは言えないのだ。

文化、とくに企業文化をつくっている大きな要因は、リーダーであり、経営者であると考える。アメリカ合衆国の心理学者で、現在マサチューセッツ工科大学スローン経済学部の名誉教授を務めるエドガー・H・シャイン氏は、「リーダーは自分の一挙手一投足すべてが束ねるチームの文化を創っていく」と述べているのは、すでに紹介したことだ。

高橋まつりさんのツイッターにある暴言も、上司である部長からのものである。働き方改革を本当に成功させるためには、リーダーたち、とくに経営者の意識改革が必須であると考える。経営者は、過労死を生み出している企業文化をつくっているのは経営者や役員、部長などのリーダーであることを十分に認識する必要があると考える。

事件は、根本原因に手を打たないと再発する。安倍晋三政権も「働き方改革」を推進しているようだが、制度や制裁の議論はしているが、経営者の意識まで踏み込んだ議論がされているとは思えない。同じ悲劇を繰り返さないためにも、経営者をはじめとするマネジメント層の意識改革が必要だと考える。

第三節　人を自殺に追い込んで、たったの５０万円

過労自殺した電通社の新入社員、高橋まつりさん（当時２４歳）の母親の幸美さんは、ちょうど私と同年齢だ。もし、彼女のように、自分の子供を過重労働が原因で自殺に追い込まれたら、会社に怒鳴り込んで、上司である部長の顔を殴り、土下座をさせ、何度も罵声を浴びせることを想像してしまう。きっとそうしたとしても、それだけでは気持ちは収まらない。なぜなら、子供は帰ってこない。「子供を返せ！」と連呼し、泣きながら、会社で暴れるかもしれない。そうしないという自信がまったくない。

しかし、法人としての電通に対しては、有罪判決が確定したが、罰金がたった５０万円だったからあきれてものが言えない。「人の命は地球よりも重い」小学生のころに誰もが学んだはずだ。裁判官は、小学生以下の判断しかできないのか！　他人ごとではあるが、憤りと理不尽さを感じてしまうのは、私だけだろうか。

しかも、電通は、同じ事件を過去にも発生させており、再発だ。「取組んだら放すな、殺されても放すな、目的完遂までは・・」は、電通で有名な鬼十則の一つだ。でも、死んでしまったらおしまいだ。電通では、そういった企業文化がＤＮＡとして引き継がれてきたのではないかと推察される。ストックホルム症候群のように、最初はおかしいと思っても、経営トップや上司が過重労働を強いるような状況が続くことで、自分もそれに加担するようになってきたのではないだろうか。

ちなみに、ストックホルム症候群とは、誘拐事件や監禁事件などの被害者が、犯人と長い時間を共にすることにより、犯人に過度の連帯感や好意的な感情を抱く現象を言う。1973年にストックホルムで起きた人質立てこもり事件で、人質が犯人に協力する行動を取ったことから付いた名称である。

もちろん、鬼十則をつくった四代目社長の吉田秀雄氏は、本当に人を殺すということではなく、「本気になって仕事をしろ」ということが真意であったとは思うが、残念ながら行き過ぎてしまった事件を二度も発生させてしまったのだ。電通は、批判の高まりを受けて、この十則を社員手帳から削除すると正式に発表した。

その後、高橋まつりさんの前節にあるツイッターに登場した上司は、どうなったのだろうか。2017年7月、東京地検は、まつりさんの上司を不起訴処分としたようだ。その判決を受けて、幸美さんは検察審査会に不当だとして申し立てたことを明らかにした。そして、「違法労働が会社の風土であったからといって上司個人の行為が許されてよいのか、日本全体に問いかけたい」と訴えた。申し立ては2017年12月27日付。

大事な娘が自殺に追い込まれた親の立場にたったら、当然の申し立てだ。しかも、会社は有罪とは言え、罰金がたった50万円なのだから到底納得いくものではなかったと推察する。幸美さんの心情を察するに余りある理不尽な出来事だ。

元上司は、すでに退社をしているようだが、どのように感じているのであろうか。まさか、「みんな同じことをやっていて、たまたま自分の部下が自殺した。アンラッキーだった。」「いままで、このやり方で出世をしてきた。会社の実績向上のためだから仕方がない。」「そうは言っても、上司から成果を求められていて、こっちも自殺したいくらいだ。」など思っていないだろうか。いや、退社をしたくらいだからきっと責任を感じたのだろうと思いたい。

まつりさん事件以降も過労死のニュースは後を絶つことがないが、今後、幸美さんの問いかけに対し、日本全体でどのように応えるのか見守っていきたい。なんとか、まともな判決が出て、まつりさんの元上司だけでなく、日本全体が猛烈に、真摯に反省し、二度とこのような事態が起きないことを切に望むものである。

第四節　「うつ」にならないための十二カ条

会社人間だった私は、ドラッカーをはじめとする経営書やいわゆる名経営者と言われる人の本をたくさん読み、時にはセミナーにも通い、成功者といわれる人たちの名言を金科玉条のごとく、盲目に信じ実践してきた時期があった。多くの名言の基本にあるのは、問題を真正面から取り組み、是が非でも、あらゆる方法を駆使して問題や悩みを乗り越えて、今の状況を克服することによって、人間は成長していくというものであった。

たしかに、そう考えるのは、正論だ。しかし、悩みを乗り越えよう、問題を解決しようと思うと、かえって悩みを助長し、悩みが克服できなくなることもある。特に、自分がコントロールできない問題や過去については、いくら自分が努力しても変えることができない。出世や他人の評価は、典型的なものだ。いくら自分で成果を上げたと思っても、評価をするは他人であり、しかも人間関係など別の力学が働く。（出世の力学については、第三章で詳細述べる）過去については言うまでもない。

私が「うつ」で苦しんでいた時に、自分を変えたいという思いから、樋口武男氏の著書『熱湯経営 - 「大組織病」に勝つ』（文藝春秋）を読んでみた。その著書の中に、失敗する人の十二ケ条というものがあった。会社人間まっしぐらの時は、名経営者の言葉を、何の疑いも持たずに、その十二カ条を信じ、失敗しないように無理に自分を合わせようとしたと思う。

（失敗する人の十二カ条）
一、現状に甘え逃げる
二、愚痴っぽく言い訳ばかり
三、目標が漠然としている
四、自分が傷つくことは回避
五、気まぐれで場当たり的
六、失敗を恐れて何もしない
七、どんどん先延ばしにする
八、途中で投げ出す
九、不信感で行動できず

十、時間を主体的に創らない
十一、できない理由が先に出る
十二、不可能だ無理だと考える

しかし、その時はいくら名経営者が実践してきた名言であっても、すんなりと自分の中に受け入れることができなかった。なんで、どこに違和感を感じたのか、はっきりしなかったので、その時診察してもらっていた精神科医に話してみた。彼は、ずばり「十二カ条は、新興宗教みたいで、ちょっと苦手ですね。つらい時は逃げればいいじゃないですか」と明言した。その話を聞いて、十二カ条は自分を追い詰めるだけで、精神的につらくなるだけだ。完璧な人間などいないのだから、臨機応変に考えればいいのではないかと考えた。また、この考え方は、がんばれば報われる、そして長時間働けば売り上げが伸びていった高度成長期やバブル時代のサラリーマンがモーレツに働いていたときの考え方のようで、なにか古臭く感じた。電通の鬼十則が今の時代にそぐわないように、この十二カ条も変える必要があると考えたのだった。そして、次のようにその一二カ条を書き換えてみた。

（失敗する人の十二カ条　→　うつにならないための新十二カ条）

一、現状に甘え逃げる　→　現状に甘えて逃げても良いじゃないか
二、愚痴っぽく言い訳ばかり　→時には、愚痴や言い訳を言おう
三、目標が漠然としている　→目標が見えなくてもいいじゃないか
四、自分が傷つくことは回避　→自分が傷つくことは避けよう
五、気まぐれで場当たり的　→成り行きに任せることも必要
六、失敗を恐れて何もしない　→何もしないことも仕事
七、どんどん先延ばしにする　→先延ばしにする時もあっていいじゃないか
八、途中で投げ出す　→無理をするなら投げ出すのもいい
九、不信感で行動できず　→行動できないときはしなくてもよい
十、時間を主体的に創らない　→ぼーとする時間も大事
十一、できない理由が先に出る　→できると思えないこともある
十二、不可能だ無理だと考える　→不可能だ無理だと思ってもいいじゃないか

もちろん、新十二カ条を常に行っていても良いとは思わない。十二カ条だけが正しいと考えずに、その場その時に合わせて状況に適した考え方を持つことが、「まさか」のある人生には大切で

はないだろうか。

つらい時、何をやってもうまく行かないときは誰でもある。そういった場合は、新十二カ条を思い出して、逃げる、愚痴を言う、先延ばしする、投げ出す、無理だと考えたほうが精神的には楽になるし、そうしている間に問題が解決してしまうこともある。ビジネスマンとして失格だと言われるかもしれないが、自分を犠牲にしてまで会社に尽くすことはない。

「世界三大幸福論」を提唱した一人、フランスの哲学者アランは、「悲観主義は気分によるものであり、楽観主義は意思によるものである」と言った。人は二度無い一回限りの人生が極端にぶれることなく、痛みの伴わない程よい健康なこころと身体を育成する使命を実践することであるとも述べている。

新十二カ条のように、意思をもって楽観的に人生を生きて、自由に生きる。そして、会社からの指示、命令にも柔軟に対応していくことが、人間としての大切な生き方なのかもしれない。

第三章　なぜ、あんな奴が出世するのか

第一節　出世をする者が必ずしも仕事ができる人間ではない

「なぜ、あんな奴が出世するのか」

その答えをかつてブームになった半沢直樹シリーズの第一弾「オレたちバブル入行組」池井戸潤、二〇一三、文藝春秋を参考に、考えてみたいと思う。

この本の中で、半沢は自分の責任ではないにもかかわらず、上司から債権回収問題の責任を取らされている。その時に、次のように発言している。

「銀行という組織が、ピラミッド型構造をなすための当然の結果として勝者があり敗者があるのはわかる。だが、その敗因が、無能な上司の差配にあり、ほおかむりした組織の無責任にあるなら、これはひとりの人生に対する冒涜といってもいいのではないか。こんな組織のために俺たちは働いているわけではない。」

スポーツであれば、共通した明確なルールの下に勝ち負けを争うのであるから実力がすべてだ。

特に、個人競技であれば、団体競技とは異なり、自分以外のチームメンバーはいないのであるから他人のせいにすることはできない。中でも、マラソンなどの陸上競技は、客観的な数字で記録が出るから、ごまかしがきかない。もっとも、「2018 ユーキャン新語・流行語大賞」にノミネートされた「奈良判定」で有名になった不正判定といったものがあるが、あくまで例外であろう。

しかし、ビジネスの世界は違う。組織で仕事をするから、自分の実力だけで勝負するわけにはいかない。そういう意味では、チームで争う野球やサッカーなどの団体競技と似ているかもしれない。しかし、スポーツの場合には、明文化された厳然としたルールがあり、そのルールに基づいて、反則した場合は、第三者である審判から罰せられる。だが、ビジネスには明文化されたルールはなく、マナーやその会社における不文律のようなものがあるだけだ。しかも、第三者による厳格なチェックはなく、個人のモラルに依存するところが大きい。

例えば、売り上げを水増ししたり、報告書の数字をごまかしたりして、出世したとしても、バレなければOKだ。勝てば官軍なのだ。そういった不正については、もちろん、上司によるチェックはあるが、チェックをうまくすり抜けたり、上司自身がルール違反を行っている場合には、闇の中に消えてしまう。データや文書の改ざんや金銭授受など、よっぽどのルール違反が表に出ない限り、罰則を受けることはない。

東芝をはじめとする粉飾決算は、内部告発がなければ、表にでることはなかった。その中で、胡麻化して業績を上げた人たちがたくさん出世していったのであろう。うそや裏取引など見えない部分でうまくやった奴が良い思いをするといっても過言ではない世界がある。不正によって出世していった具体的なケース第4節で紹介したい。

出世競争というトーナメント方式の審判は上司だ。「奈良判定」のように、上司である審判の上司が圧力をかける場合もあるから世の中理不尽だ。半沢は、トーナメント方式の敗因を無能な上司の指示だったり、失敗を個人の責任を押し付ける上司に憤慨しているのだ。そして、それを見ている周囲の人間たちが組織の役割に埋没し、人間として正しいことよりも組織の論理を優先し、間違っていることに対してしらばくれていることに大きな疑問を持ち、憤慨しているのだ。一人ひとりが、自分や家族の生活のため、会社のために人生の時間を会社にささげているのに、理不尽なことで、その努力を無にすることは、その人の人生を穢しているといっている。

会社や組織のどろどろとした人間関係や仕組みの中で、理不尽なトーナメント方式である出世という競技が行なわれている。そういった出世競争に対して半沢は、次のように吐き捨てている。

「人事は常に公平とは限らない。出世をする者が必ずしも仕事ができる人間ではないことは、周知の事実であり、それは東京中央銀行でも例外ではない。」

また、1997年の総会屋利益供与事件で粉骨砕身し、銀行の倒産危機を救って、現在作家に転身している江上剛氏は、その著書「会社人生五十路の壁」の中で次のように述べている。「できる奴は出世しない。それは上司（経営者）の嫉妬を招くからだ。この嫉妬をかいくぐるようなズル賢さが出世には必要だ。」そして、「「出世＝できる奴」でも、「出世＝幸せ」ではない。これは間違いない」と述べている。

したがって、出世した「あんな奴」は、必ずしも仕事ができる人間とはかぎらないのだ。そして、それが人生の幸せにはならないのだ。

第二節　出世は運で決まる

山本社長　「会長は宮本を排除しているわけだ」
水谷副社長「関総本部長といいますと、代表権を持った専務となりますねえ」
山本社長　「そう。いわば〝上がり〟ってわけだ。二度と本社に呼び戻されることはないだろう」
水谷副社長「それにしても会長が宮本を嫌っているなんてことあるのでしょうか」
（この会話の後に、左遷させられた宮本（専務）が、部下に対しての発言）
宮本専務　「人間関係は好きか嫌いかでほとんど決まってしまうが、ちょっとしたことで気持ちが変わって好きになったり嫌いになったりいろいろあるもんだよ」
この会話は、「出世と左遷」高杉良、新潮社の著書にあるサラリーマンたちのものだ。専務の宮本氏が、会長の石井氏に嫌われて左遷されたときのものである。社長、副社長や専務といえども、上司である会長が人事権をもっている以上、昇進や降格、転勤などは自分だけでは決められない。所詮サラリーマンなのだ。

また、これは経営トップの人事に関するものであるが、このようなことは上級管理職や中間管理職にも起こりうる。「課長までは実力で、それ以上は、上司との人間関係で決まる」と良く耳にするが、本当のことだ。実力がありながら、上司に嫌われ不遇のポジションを与えられる人たちを何人も見てきた。

中には、海外の僻地に飛ばされ、帰国したころには、定年近くになり、いわば〝上がり〟になるケースも現実にはある。逆に、なんでこんな人が昇進するのかという場面にもたびたび遭遇する。宮本氏が嫌われて左遷されたように、好かれて昇進することが往々にしてあるのだ。つまり、好かれた上司の下につけば出世するし、嫌われた上司の下につけば出世しないというのが、「サラリーマンの出世の法則」の一つなのだ。

そして、上司とは直属の上司だけでなく、その上の上司も含まれるのだから人事はややこしい。

いくら直属の上司が評価しても、その上が評価しなければ昇進は難しい。昇進の決裁権限は、通常、その部門の上司にあるからだ。したがって、逆のケースの場合、つまりその上の上司が評価している場合は、昇進する可能性は大いにあるというわけだ。今の上司と合わずに評価されていなくとも、その上の上司が評価している場合もあるので、くさる必要はない。

もっとも、お互いサラリーマンだから定期的な人事異動で、会わない上司とおさらばするのだから、少しの間我慢すれば良い。そういう意味で、サラリーマンの人間関係は、めぐりあわせで決まって来る。つまり、「捨てる神あれば拾う神あり」なのだ。見捨てられることがあっても、助けてくれる人もいるというのは、サラリーマンの出世にも同様なことが言えるのだ。

「部下が偉くなって欲しい人と昇進する人は違う」という発言も良く耳にしてきた。部下を大事に育て、組織を強くしようとしていて、上司にはキチント意見を述べる。マネジメントの本では、理想の上司かもしれないが、理想の部下ではないのだ。いつでも自分の意見に従って、指示通りに動く部下が評価され、出世していくのだ。

宮本専務のように、部下からの評判がよく、しかも能力がありながら、左遷されていくケースは往々にしてある。もちろん、部下からの評判も良く、上司にも意見を述べられて、実力があって、なおかつ出世していく人もいるが、それほど多くないというのが実感だ。

サラリーマンの出世は、さきほど述べたように実力以外に上司やその上の上司との人間関係によって決まる。しかも、部下は上司を選べないのだから、制御不能だ。また、専務の宮本氏が言うように、「ちょっとしたことで気持ちが変わって好きになったり嫌いになったりする」ので、タイミングも重要だ。

したがって、出世とは、ある意味「運」であると言って良い。「あんな奴」が出世するもの、こういったことがあるからだ。

左遷させられたら、会社を辞めて転職や独立という方法もあるが、リスクが高い。まして、独立となるとよっぽど実力がないと難しいだろう。一方、左遷をばねにしてがんばる方法もある。「人間到ところ青山あり」(人はどこにだって骨を埋める地がある。故郷ばかりが死に場所ではないのだから、志を持って郷里を出、大いに活躍すべきである、ということ)と頭を切り替えて、がんばるのも一つの方法だ。それこそ運良く、復活するケースもある。

しかし、我々サラリーマンは、このようなコントロールできない世界中にいるのだから、出世や左遷に一喜一憂せずに、自分基準で生きるようにしたいものだ。肩書という評価メジャーを変え、会社に飼われているという意識を変える。そして、会社に居ながら、会社をうまく使って、やりたいことをやって、楽しく生き抜くというやり方を選択するのも良いと思う。特に、50歳を過ぎたら頑張り方を変えることが必要だと考える。これらについては、後ほど第6章で紹介したい。

第三節　あんな人間が役員になるなら俺の方がまし

「仕事に対する意欲も失せがちになる。だが、生活のためには頑張らなければならない。そして将来の昇進のためにも・・・。」

この発言は、咲村　観氏が書いた小説「経営者失格」の中で、主人公の田島氏が出向先の不祥事により、始末書を書かされ、九州へ転勤命令が出た後の発言だ。

サラリーマンであれば、こういった左遷や理不尽なことがあった場合に、自分を鼓舞する時に同じような独り言を言ったことがある人も多いのではないか。

理不尽だと思う人事があっても、生活をしていかねばならず、今すぐにサラリーマンをやめるわけにはいかない。まして、養わなければならない家族がいる場合はなおさらである。そして、自分自身に気合いを入れ、がんばったご褒美として出世を夢見る。結果として、行きたくもない転勤先や子会社に出向し、会社や上司の指示にしぶしぶ従うのである。

出世に関して著者は、あとがきで、次のように解説している。

「事実どの大企業においても経営者として失格と思われる重役はずいぶんと居る。あんな人間が役員になるなら俺がなった方がましだという管理職の声が、社内でしばしば聞かれるのはそのためだ。」

出世論を書いた本には、人格が優れていて、仕事もできる人が昇進していくように書かれている理想論もあるが、現実は異なる場合が散見される。実力や人格が伴わなくとも、前述したように、上司の好き嫌いと運で出世が決まるのだ。したがって、俺が役員になった方がましだという声が聞こえてくるというのも頷ける。

周囲から誰が見ても実力がある人が、上と合わないために左遷させられたり、不遇な処遇を受けている人を見ることがある。前社長から買われて役員になった人から、現社長に嫌われているからこれ以上出世は望めない、と飲んだあとの帰り際に愚痴を聞かされたことがある。その人の後輩が先に出世して、ひどく落ち込んでいた姿が忘れられない。また、欧米人のトップも「ボストを決めるときは、最後は好き嫌いだから」と明確に言っていたことを思い出す。外国人も同じなのだ。

したがって、出世しなかったからといって悲観することはない。出世した人たちと実力では差はないのだから、上が代わるのを待つか、自分の仕事に集中して実績を上げるなり、資格を取得してスキルアップを図るなど、自分を高めることに心がけたほうが良い。出世した人が、社内政治にうつつを抜かして、会社に多くの時間を費やしている間に、社外にも通用するようなスキルを一つでも磨いたほうが良い。いつ、自分にチャンスが回ってくるのか分からないし、人生100年時代の長い人生を考えると会社を退職してからの人生を考えて自分自身を高める努力をしたほうが賢明だ。

もちろん、出世した人は、上司に忖度する時間や社内政治に時間を浪費するのではなく、少しでも自分のスキルアップに心がけないと、いつかは合わない上司がやってきて干されるかもしれない。また、前述した宮本専務のように上との人間関係がかわって左遷させられるところもある。上へ行けばいくほど、それが周囲からも良く見える。何人もの役員がそういった事態に陥っているのを見ている。社長や副社長のようにごく一部の経営トップになった人以外は、いつ会社から三下り半を下されるか分からないのだ。

特に、順風満帆でたまたま出世してしまった人で、会社にどっぷり浸かって、何の準備もしていない会社人間は、そういった事態に陥るとリカバリーする時間が限られてくる。一生会社から給料をもらえるわけではないので、早めに会社人間を辞め、社畜から脱して、退職後の人生も視野に入れておくほうが身のためだと思う。それは、あまり早すぎるのもいけないかもしれないが、遅すぎるのはもっといけないと思う。

第四節　不正してうまくやった奴が出世する

本社を長野県北佐久郡軽井沢町におく総合リゾート運営会社である星野リゾートでは、「100年続く企業になる」を実現し、拠点数・取扱高ともに右肩上がりで伸ばしてきた。米国の経営学者ケン・ブランチャード氏の理論を忠実にマネジメントしていているというが、社長の星野氏は「サービス業では、経営者が品質管理出来ない」と言っている。

サービスには、6つの特徴があると言われている。①無形性：形がない②異質性：人のスキルによって質が変化する③非貯蓄性：保存することや在庫を持つことができない④非可逆性：元に戻すことができない⑤生産と消費の同時性：生産と消費が同時に行われる⑥需要の時期集中性：需要の時期(季節、曜日、時間)が集中してしまう傾向がある。つまり、サービスのその特徴から、測定ができない、検査ができない、在庫管理ができない、修理ができないなど、製造業で生産された製品のような品質管理をすることができないのだ。

したがって、最前線のスタッフが、いかに自分で考えて発想し、経営マインドを持ってサービスをできるかが大事になる。経営者がやるべきことを現場に権限委譲し、経営情報をすべて提供することが必要だ。そして、自分が働いている会社の情報は何でも手に入るという感覚を社員に持ってもらうことが大切であると、星野氏は力説している。

一方、製造業はどうか。現場に権限委譲し、知恵と工夫で継続的改善を行ってきたのが日本の製造業の強みだったはずだ。しかし、昨今の製造業の不祥事を見ると、データ改ざんや検査の手抜きが横行している。経営者が現場を知らずに、経営と現場が乖離しているとか、品質に関する現場の過信、生産至上主義といった原因が考察されている。中には、過去数十年にも渡り不正を行って来たというのだから開いた口がふさがらない。

そこには、不正を行い、成果を上げることによって、評価をされ、出世してきた輩がいるのだろう。現に、神戸製鋼では、記者会見で、不正が少なくとも1970年代から続き、現場の執行役員3人と元職の取締役ら2人が関与してきたことを認め、謝罪している。専務執行役員や代表取締役副社長にまで上り詰めた人も不正をしていたのだ。一方で、不正を行うことが許せず、実直で、誠実な人も中にはいたと思うが、そういった人たちは自然と中枢からは外されてきたのであろう。
「悪貨が良貨を駆逐する」文化が日本企業の体質として残っているのではないかと考える。不正をするという行為が評価され、それを見ていた周囲の者が、真似をして不正を続け、文化になっているのではないか。うまくやって出世していることを周りも見ていて、いままでお咎めなしで、出世してきた。不正をしてうまくやることが得することであり、当たり前になる。何十年も、そういったことが続けば文化になり、世間から見て異常なことが、その会社の常識になる。

もっとも、こういった体質は、障がい者雇用率を雇用の旗振り役である中央省庁自ら改ざんを行っていたり、不正融資事件でも銀行の役員が関与していることが発覚したりしている状況を見ると、日本全体に蔓延していると言わざるを得ない。

日本、いや世界が、「正直ものがバカを見る」「うまくや昇りつめったものが出世する」文化になっているのではないか。現に、海外でもフォルクスワーゲンやメルセデスといったＴＯＰ企業でも不正が発覚している。フランスの自動車会社ルノーの取締役会長兼ＣＥＯ、日産自動車の前会長・社長であるカルロスゴーン氏も不正に手を染めていた。

もっとも、「袖の下」や「賄賂」といった不正は全世界で行われているのであるから、広くとらえれば、人間社会の悪しき習慣といえるのかもしれない。

不正を隠す便利なことわざがある。それは、「清濁併せ呑む」である。本来の意味は、大海が清流も濁流も隔てなく受け入れることから、心の広い人のこと。善人でも悪人でも、来る者はすべて受け入れる度量の大きさを表すたとえとして使われる。ところが、この言葉を取り違え、「大きな目標」のためなら、裏では理想に反することを平然と行えることが大きい度量の持ち主であると。

例えば、会社の利益という大きな目標のためには、多少の悪いことをすべて受け入れることが、リーダーの役割であり、心の広い人だと勘違いしている人たちがいるのではないか。東芝の不正会計やオリンパスの粉飾決算などは、そういった心理が働いていたと思われる。

つまり、「不正してうまくやった奴が出世する」ことは常識なのだ。

ハインリッヒの法則というものがある。これは、1つの重大事故の背後には、29の軽微な事故があり、その背景には３００の異常が存在するというものだ。したがって、世間に表ざたになった不正や不祥事は、その氷山の一角であり、その下には沢山たくさんの予備軍があるのだ。

改ざんや不正を黙認したり、自ら不正に手を染めてして出世した人は、今一度自分の胸に手を当てて、本当に社会のため、顧客のためになったのか考えてみると良い。会社ため、自分のエゴのためにやったとすれば、真摯に、素直にその罪に認め、改めることをした方が、人間として正しい生き方だと思う。

京セラの創業者である、稲盛和夫さんが言われるように「人間として正しいか正しくないか、よいことか悪いことか、やっていいことかいけないことか」を経営として、ビジネスとして、人間としての判断基準になって欲しいと思う。

「悪貨が良貨を駆逐する」世の中ではなく、良貨が世間の行動基準となり、評価されるような世の中になって欲しいと思うのは、私だけであろうか。

第五節　人間性を疑いたくなる奴が出世する

「人間性を疑いたくなるような前島さんが、取締役ですか」

高杉良著の「辞令」の中で、主人公の広岡に言わせた言葉である。この小説の中で、前島は、同族一族経営であるエコーエレクトロニクス工業の御子息（ジュニア）にゴマをすり、平気で部下を裏切るような人間だ。

広岡は「寄らば大樹の陰」でエコーエレクトロニクス工業に踏みとどまるのか、思い切って転職するのか悩む。そして、「人間到るところ青山ありだ」と思い至る広岡。アンフェアな人事でパズルのピースのように動かされ、あおりを食う名もなきミドル。無数の広岡が同様に思い悩むと解説している。

経営学者のＰ・Ｆ・ドラッカーは、「マネージャーとして、始めから身につけていなければならないといけない資質が一つだけある。才能ではない、真摯さである」と述べている。ここで言う

「真摯さ」とは、誠実で、高潔、分かり易くいえば表裏がなく、卑怯なことをしないということであると私は理解している。

しかし、前島は、ドラッカーの言う「真摯さ」のかけらもない人間だ。マネージャーとして身につけておくべき資質がないにもかかわらず、出世していくのだから、アンフェアな人事だと断言するのもうなずける。サラリーマンを長くやっていると、前島のように下の人間を顎で使うが、上の人間には態度が180度変わってゴマすりに走る人間をたくさんみてきた。地位が高いからといって、人間性が良いとは限らないのである。もちろん、出世している人の中には、人間性の優れた人もいるが、ごく一握りだというのが実感だ。

すでに見てきたように、人事は、実力や人間性だけで決まるのではなく、運と上司の好き嫌いで決まる。運が良かった人、悪かった人。上から好かれた人、嫌われた人。問題の責任を取らされ左遷させられた人。得したり、損したりする。我々サラリーマンは、そういった不透明で、わけのわからないルールに振り回されるのではないか。

組織がある以上は上下関係が生まれ、トーナメント方式を勝ち抜いていく人とそうでない人がでてくる。出世する人、しない人が必ず出てくるのが、組織の構造だ。そのトーナメント方式が曲者で、スポーツのようなフェアーで、明瞭なルールが明文化されていないので、不幸が生じる。良かれと思っても、ルール違反になることがある。例えば、正しいことでも、上司の方針に背いていれば、アウトだ。また、広岡のように、上司にゴマをすれない奴が失脚していく暗黙のルールも存在するのは確かだ。

一方で、引き上げられた人たちは、どう思っているのだろうか?まさか、自分の実力や人間性が評価されたと勘違いしていないだろうか。私のサラリーマン経験からいうと、勘違いしている人もいるし、していない人もいる。勘違いしている人は、第一章で紹介した「単細胞」のように自己中心的で、ナルシストが多いように思う。

中には、副社長まで上り詰めた人で、「私は運で出世することができた」という謙虚で寛大な人もいた。そういった勘違いしていない人は、下からの評価も良い。しかし、残念なことに、定年後早々に亡くなってしまった。良い人は短命だというのが実感だ。勘違いしている人は、いずれ出世が止まったときに自分の愚かさに気付くのだろうが、手遅れの人が多くみられる。「憎まれっ子世に憚る」とは良く言ったものだ。会社の中でも、人間性に欠陥があるような人が、幅をきかせていることが多い。

故小田実氏は、そういった人間の上下関係を否定する。彼の主張は、「人間みなちょぼちょぼ」だ。「俺がえらいんだ。上なんだ。指導するんだ。絶対だ」というところから、不幸がはじまるという。「みなちょぼちょぼ」の人間一人ひとりが主人公で、一人ひとりが自分の判断と創意性を発揮することを信念としているようだ。

最後に私が大ファンである「7つの習慣」を書いたスティーブン・R・コヴィー氏の言葉を紹介しよう。

「組織である以上は、上下関係が発生するが、一人ひとりが主人公で、創意性を発揮するという人間としての役割や存在を忘れずにしたいものである。私たちは、まず他人の目からは見ることができない自分の人格を育てることに力を注ぐ必要があり、これが大木を支え続ける根の部分にあたる。根を育てていくにつれて次第に実を結ぶ姿をみることができる。」

第六節　人々はなぜ、出世を目指すのか

なぜ、人々は出世を目指すのか？

咲村　観氏は、「経営者失格」の著書の中で、次のように述べている。

「上級管理職や役員への夢は、志のあるサラリーマンなら誰しも抱くものである。」

では、なぜ？夢を描くのだろうか？

株式会社クロス・マーケティング「若手社員の出世・昇進意識に関する調査」東京都、神奈川県、千葉県、埼玉県に住む２０歳～３９歳の男女正社員（合計５００サンプル）を対象としたインターネット調査（２０１５年8月２１日～２０１５年8月２３日に実施）によれば、出世意向の有無について、絶対に出世したいと思っている＋できれば出世したいと思っている人の合計が４０．８％と半数を満たさない結果になっている。

しかし、すでに述べたように、若手は年齢を重ねるにつれて会社に洗脳され、もしくは強制され、結婚した扶養家族を持って自分以外に頼られる人が増えてくると、だんだんと会社人間になっていく。第三節で紹介した、田島氏のように、生活のため、家族のため、自分のためにも出世の道を歩みはじめるのだ。したがって、この調査が30代や40代を対象にしていたならば、出世の意向はもっと多くを占めるようになると推察する。

その調査の中で、「なぜ出世したいのか?」とその理由を聞いた結果、20代男性の約85%、30代男性の79%が「給与・年収が上がるから」と回答。続いて「高い目標をもって働けるから」、「社会的な地位や名誉が得られるから」、「自分の成長が実感できるから」という回答が得られた。

アメリカの心理学者であるアブラハム・マズローが提唱する、欲求の五段階説(欲求のピラミッド)をご存じだろうか。既知の方も多いと思うが、今一度、マズローの主張を確認してみる。第一段階で生きて行くための基本的・本能的な欲求「生理的欲求」、第二段階には、危機を回避したい、安全・安心な暮らしがしたいという「安全欲求」、第三段階で集団に属したり、仲間が欲しくなったりする「社会的欲求(帰属欲求)」、第四段階で、他者から認められたい、尊敬されたいという「尊厳の欲求（承認欲求）」、そして最終段階で、自分の能力を引き出し創造的活動がしたいなどという「自己実現の欲求」が生まれるというものだ。

芥川龍之介の晩年の作品として有名な『侏儒の言葉』で「なぜ、軍人は酒にも酔わずに勲章を下げてあるかれるのであろう?」と書いている。尊厳の証である勲章をぶら下げるのは、出世と同様、他者から認められたい、尊敬されたいという人間の自然な欲求なのである。

我々サラリーマンは、新入社員として入社して、キャリアを重ねる中で、欲求の段階を登っていく。つまり、入社して組織の一員となり、給料がもらえるようになって生活の基盤ができ、職場の仲間ができていく。ここで、第三段階までの欲求は満たされる。そして、さらに上の「尊厳の欲求（承認欲求）」が出てくる。具体的には、出世をして他者から認められたい、尊敬されたいという欲求だ。

しかし、誰でも自分が思った通りに出世しないのが現実だ。すでに述べた通り、出世はトーナメント方式であり、敗者と勝者が必ず出る。しかし、出世は実力だけではなく、上司との人間関係や運で決まるから理不尽だ。いずれにしても、出世を目指したとしても、昇進する人、しない人に分かれ、さらに上に行けばいくほど狭い道になっていき、ほんの一握りの人だけが、経営トップとして頂点に立つ。人間の欲は、際限がなく、社長まで上り詰めたとしても、業界団体のトップや国からの勲章が欲しくなるようだ。「尊厳の欲求（承認欲求）」は、どこまでも続くのだ。

そして、一握りの人を除いて、ほとんどの人は、60歳、65歳で定年を迎える。人生100年時代を考えると、定年後には35～40年ほどの人生がある。会社から支給される給料がなくなり、会社という集団から外れる。定年になったら、また新入社員からやり直しだ。隠居する人、再就職する人、アルバイトをする人、起業する人など人それぞれだ。

そういった人生の後半戦では、第一段階や第二段階の欲求を満たすことが、基本であり、年金を中心として経済的基盤を築くことをまず行う必要がある。そして、第三段階として、地域社会や趣味といった集団に属することも必要かもしれない。では、第四段階以上の欲求はどのように満たしたら良いのだろうか？

私は、山口県周防で行方不明になった2歳児理稀ちゃんを救出した78歳の尾幡さんがお手本だと思う。65歳で鮮魚店を引退し、「学歴もなにもない人間だから」と残りの人生を社会にお返しすることに決める。全国各地で車中泊しながら、ボランティア活動に励んだという。ボランティアの現場では「師匠」と呼ばれていたらしい。

この領域になると、第四段階を飛ばして、第五段階の自己実現の欲求なのだろう。人生後半戦で尾幡さんのように生き甲斐を見つけ、社会に役に立ち、自分自身が納得するような人生を送りたいものである。

第四章　会社人間の哀れな末路

第一節　定年退職後の末路

吉武輝子氏が書いた「夫と妻の定年人生学」に会社人間の末路ともいえる例が書かれていたので紹介する。夫は三菱銀行の支店長で定年退職後、天下りしたが、まもなく「うつ」病になり、1年後の夏に自殺したという。

大銀行の支店長だったころは盆暮れのつけ届も多く、年賀状も山ほどきていたが、定年退職後ガタ減りしたことで、「55歳にして非力な個人である己の能力、才能がいかにちっぽけなものであるかを思い知った。」と考えるようになり、「過去のみを振り返り、いったい自分は、30余年にわたる職業生活になにほどのことをなしてくたんだろうと自問自答を繰り返し、その結果、より一層、己をちっぽけな存在とみなすようになっていった。」という。そして、自分を追いつめていった結果、「うつ」病になった。

精神科の医師からは、「定年退職後に仕事一筋であったサラリーマンがかかりやすい典型的なうつ病ですね。この種のうつ病は、自分を矮小化し続けた結果、自己否定を試みる危険性があるので、自殺しないように気をつけて下さい。」と言われていたが、ちょっと目を離したすきに頸動脈を出刃包丁で寸断して亡くなったという。

もうひとつの事例として、高級官僚をしていた人の定年後の末路を見てみよう。その人は、定年後、いくつかの会社を天下りし、65歳の時に退職したが、一日中在宅するようになった。かつて流行語大賞を受賞した「濡れ落ち葉症候群」だ。特に趣味もないため、妻が出かけようとすると必ず「ワシもついていく」と言って、どこにでもついていくだけならまだましだった。元高級官僚は、極度に妻が外出することを嫌っていたようだ。

ある時、「句会に出席させて欲しい」と言った妻に、「食わしてもらった身でなにが、句会だ」とわめいて暴力をふるった。10針を縫う大けがをして、奥さまは離婚を決意したという。

佐高信氏は、この事例を引用して「会社がエキスを吸い取ってしまった」と会社側の責任を追及している。たしかに、この事例の二人は、自分の時間の多くを会社にささげた結果、会社でそれなりに出世した。世間から見れば、成功した人生であったのだろう。会社にいる間は、本人は良い思いもしただろうし、成功した人生であると信じていたのだと思う。

しかし、会社人間が終わってみると、会社の仕事以外の趣味や人付き合いもない、まして、地域社会との関係などあるはずもなく、孤立してしまった。人生の後半戦で戦う気力を吸い取られ、生きる方向を見失ってしまったのだ。

会社は、業績上げるために、出世や昇給といったニンジンをぶら下げる。そして、第一章でもみてきたように、会社に忠誠を誓うようさせるシステムも悪いかもしれない。しかし、自己防衛として我々は、「会社が人生になっていないか、会社は人生の一部であること」に気付くことが重要だ。

すでに見てきたように、新入社員のころは、趣味や友人との付き合いを優先にする傾向があるようだが、家族を持ち、生活をしていかなければならないプレッシャーの中で、働き盛りである30代、40代になって、自分がいつの間にか会社人間になっていないか自分に問いかける必要があると考える。

案外、順風満帆に出世してきた人が、定年後にライフシフトが遅れ、自分ではどうにもならない袋小路に入るのではないかと考える。実は、出世はそれほどではないが、早めに人生を切り替えた人の方が、人生の後半戦で幸せな人生を送れるのではないでしょうか。

たくさんの定年後のサラリーマンを取材した楠木新氏は、「会社の役職と定年後の人生は無関係である」と言い切っている。つまり、会社で出世した人が必ずしも、定年後にイキイキするとは限らない。むしろ、出世をしなくとも、心がけ次第でイキイキしている人が多くいることを取材で証明している。

我々サラリーマンは、定年ぎりぎりになってからではなく、自分が会社人間になったと気付いたときから、会社を客観視し、会社からの依存度を下げ、会社人間から一人の人間にもどるよう準備期間が必要だ。30代、40代では早すぎるかもしれないが、50代になったら考える必要があると考える。

第二節　生まれ変わったらサラリーマンになりたくない

「生まれ変わったらサラリーマンになりたくありません。もっと人間として生きたいのです」という発言をしたのは、上場会社の元取締役だ。彼は、粉飾決算の責任を取らされ、会社を辞めさせられたのだ。

粉飾決算が許されないことは、社会的にも当然のことだ。しかし、会社では通用しなかったと当時を振り返る。当たり前のことよりも、会社の中で上司に認められるほうに、知らず知らずに価値を置いていた。

最後は、「昔から粉飾決算をしている。仕方がないんだ。」という上司の釈明を自分自身納得させた。そして、そうした会社の「秘密」に触れる自分に満足を感じ、「自分は選ばれた人間」という自覚が芽生えていったという。

しかし、その粉飾決算がマスコミに出ると、事態は一転。社長から「しょうがない、辞表を書け」という一言で、会社人生の幕が下りた。「会社のためにやったことで。悪いことをしたと思っていない。解任にも疑問はあったが、会社人間だったから会社に言われるまま辞めたのです。」と回想する。

家族を犠牲にしてきた。会社を離れるまでの30年間で、二人の子供と一緒に旅行したのはたった1回きりだそうだ。休日も顧客と付き合い、ただただ会社を優先に暮らしきた。その挙句が「取締役解任」だったという。

粉飾決算で見せかけの「利益」を急増させ、株価の右肩上がりを続けさせることで資金を調達、デリバティブによる巨額の損失を穴埋めするという「自転車操業」をひそかに続けてきたエンロン。バブル期の運用失敗で抱えた約1千億円の含み損を隠すため、連結対象外の海外ファンドに移し替える「飛ばし」で損失を簿外処理し、企業買収を利用して捻出した資金で穴埋めしてきたオリンパス。そして、利益の水増しをした東芝。

同じような粉飾決算が後を絶たない。どの会社にも元取締役のような会社人間がいて、いつの間にか正しいことをしているつもりが、会社を守ることや上司に評価されることが優先され、正義を曲げて、不正に手を染めてしまったのだろう。中には、同じような不正を行っているが、運よく、表ざたにならずに、定年退職し、安泰な人生を過ごしている人たちもいると推察される。そこは運不運なのであろう。日産のカルロス・ゴーン氏も、不正が発覚する前に、退任していたら、巨額の退職金をもらって、カリスマ経営者として世にその名を残していたかもしれない。

話は、60年以上前にさかのぼるが、熊本県水俣市において発生した水俣病において、なぜ、有害であるとわかっていながらチッソは、有害水銀を川へ海へと流し続けたのか。「下流の精製工程では、パイプや装置のあちこちにキラキラ光る金属水銀を見ることが普通であり、整備、清掃を担当していた私は、あまり考えずにその水銀を下水に流していた。もっとも、水銀の毒性については知っているから、工場から外へ流すのは深夜の仕事だった。」

のちに、公害の原因究明と被害者支援活動に取り組み続けた、宇井純氏の著書からの引用である。彼でさえ、会社勤めをしているときには有害水銀の排出を黙認していたという。ここには、会社が認めているのだから問題ない、という漠とした了解があり、その漠とした了解が、どれほどの危険をはらんだものだったかは言うまでもないと振り返る。

私に、水保病の問題を考察するほどの、知識や見識はないが、会社からの指示、会社のため、といった大義名分が、世の中の常識と大きくかけ離れたことでもやってしまうという人間の心理や長いものに巻かれろ的な弱さを感じる。

ちなみに、水俣病の公式確認から62年を迎えた2018年5月1日、水俣病犠牲者慰霊式が熊本県水俣市の「水俣病慰霊の碑」前で営まれた。現在も患者認定を求める人がおり、訴訟も続いているおり、水俣病の事件は終わっていない。

元取締役のようにならないようにするにはどうしたら良いか。その答えは簡単には出ないかもしれないが、彼の発言にあるように、サラリーマンにならずに、例えば、下町にある商店街の店主のように、周囲とささえながら生きるのもありかもしれない。上場企業の取締役ほどの社会的な地位もなく、収入もないが、人間らしく生きる一つの方法かもしれない。

では、サラリーマンだった場合、会社の論理よりも、人間らしく生きることを優先するためにはどうしたら良いだろうか。その質問に対しての答えは、一つではないと思うが、やはり、会社人間をやめるしかないのだと思う。社畜として生きることよりも、ひとりの人間として生きることを選択することだ。そのためには、早めに会社人間であることに気づき、意識を変え、行動していくことだと考える。

第三節　自分－会社＝ゼロ

「パパが首をつった」

「死んだの？」

「わからない」

「救急車は？」

「呼んだ」


妻が、たまたま仕事で宿泊を予定していたホテルで次男から受けた電話のやりとりだ。特急とタクシーを乗り継ぎ、2時間ほどで病院に駆け込むと、そのまま霊安室に通された。

自殺した夫は、鉄工会社の取締役部長で当時49歳。工場の搬送ラインなどの設計と製造を担当していたという。夜、自宅にもどるとすぐに仕事の図面を広げるような「仕事人間」だったという。

自殺の理由は、社長から赤字続きの部署を立て直すよう指示を受けていたが、対応できなかったのが原因とのことだ。部下だった社員によると「コスト計算して赤字になるなら、『できない』と言えばいいのに、部長はそれが言えなかった。人がよかったから・・・」まじめで、正直な男だった。

自殺する一週間ほど前に、次男が受験勉強の合間に二階の勉強部屋から居間に降りると、テレビを見ていた父親がふいに、「サラリーマンなんかになるなよ」と言っていたという。

「できないことはできない」「無理なものは無理」といえない。この事例では、会社自体がそういった体質になっていたのか、本人がまじめ過ぎて自分を追い込んだ結果、自殺という最悪の結果になったかは分からない。

会社自体の問題であれば、ブラック企業ということになるだろう。第2章「会社は病人をつくっている」で述べたように、過労死自殺をするくらいなら、開き直って会社を辞めればいいと思うが、袋小路に入った人にはそういった選択肢があるのはわかっているができないから、自殺をするのだろう。

この事例では、本来人生の中に会社があるはずなのに、会社の中に自分の人生を入れてしまった。

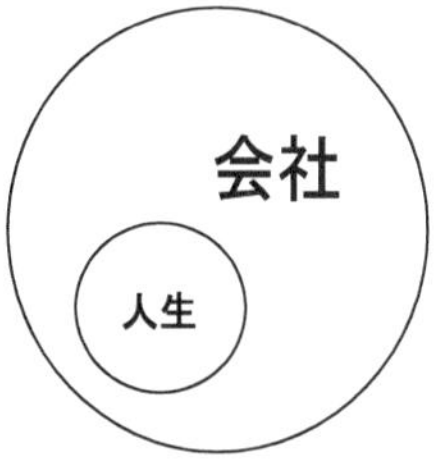

「会社人間」の会社と人生の関係

本来の会社と人生の関係

図1;「会社人間」の誤った人生と本来の人生

わかりやすく図で示すと、図1にあるように、自分の人生から会社を引いたら、なにも残らなくなってしまったのだ。

会社にどっぷりつかっていて部下や家族など背負うものがあると、近視眼的になって、周囲が見えなくなると誰でもそういった罠に陥りがちだ。前節でみた、定年退職後に悲惨な末路になってしまった人たちも、会社がなくなったら自分がなくなってしまったのだ。まさに、会社-自分＝0（ゼロ）になってしまったのだ。また、粉飾決算をやってしまった人たちは、会社を上記の図のように俯瞰して個人との関係を見ることができずに、不正と認識しつつも辞めることができなかったのではないか。

本来は、自分の人生から会社を引いても、家族や趣味だったり孫だったり、おおくのものが残っているはずだ。繰り返しになるが、会社は人生の生きて行く手段であり、人生のごく一部であることを常に意識しながら会社以外の領域を増やしていきたいものである。

第四節　ドラッカーが言う、会社人間の末路

経営学を創始しかつ確立した経営学者、Ｐ・Ｆ・ドラッカー氏は、経営学の三大古典の一つである「現代の経営」の中で、彼は会社人間に対して次のように記述している。

「仕事オンリーの人間は、視野が狭くなる。仕事オンリーでは、組織だけが人生であるために組織にしがみつく。」

「いまや企業は、従業員を会社人間にしておくことが、本人のためにも企業のためにも危険なことであり、いつまでも乳離れできなくさせるおそれのあることを認識すべきである。」

ここでは、二つの学ぶべき点があると考える。一つ目は、仕事だけでは、近視眼的になるということだ。つまり、仕事以外にも趣味を持ったり、異業種との交流をしたり、旅をしたり、芸術をたしなんだり、ボランティアなどの社外の活動を行うことで、人間として幅を広げ、発想を豊かにし、仕事にも良い影響を与えるというだけでなく、その人の人生を豊かにすることになると

いうことを言っているのだろう。

サラリーマンであれば、仕事だけではなく、人生とのバランスが必要だとの主張とも解釈できる。すなわち、最近のはやり言葉で言えば、ワークライフバランスということになるのだろうか。

ワークライフバランスの必要性や重要性は、サラリーマンであれば、人事部の研修や通達で耳にタコができるほど情報は入ってきているはずだ。特に、管理監督者になれば、部下のマネジメントをする際にしっかり理解しておくよう再々会社から指導を受ける。そういう、筆者も管理職歴20年になるので、頭の中では、仕事オンリーでは、だめだということは重々承知していた。「言うは易く行うは難し」であった。

第二章第四節で述べたが、仕事は、人生の一部でしかないのに、仕事が人生と思っていた私は、53歳の時に左遷がきっかけで、「うつ状態」となり、メンタルクリニックに1年間通った。当たり前のことであるが、仕事は人生の一部であり、仕事で失敗したから人生負けになるものではない。今は、一生に一度の人生を大切にした、ワクワクした生き方にシフトすることが出来た。実体験を通じても、やはり仕事オンリーではだめなのだ。

仕事で責任をもつような立場になり、部下を指導する年齢になってくると、どうしても仕事が人生の大半を占めるようになる。まして、出世街道まっしぐらの最中に、ワークライフバランスを実践することは後回しになりがちだ。しかし、ドラッカーは、それではだめだと言っているのだ。前出した会社人間の末路にあるように、会社だけが人生になって、会社にしがみついた結果、悲惨な末路が待っているのだ。そうならないように、ドラッカーは半世紀以上も前に指摘している。

二つ目は、仕事人間になると会社以外では生きられないということだ。もっとも悪い例としては、会社の経営者がいつまでも乳離れせずに、会社に居続けることだとドラッカーは言っている。企業には、一般社員などと違って、社長には定年の規定がない会社が多くあり、65歳どころか70歳でも80歳でも現役でいる人がいる。どこの会社とは言わないが、80歳を超えている経営者もみかけることがある。

一般社員には、定年制度や役職定年制度を設け、どんどん退職するような仕組みを作っておきながら自分たちは、高い報酬をもらいながら、社有車や秘書をつけてふんぞりかえって部下を顎で使っているのだから、たちが悪い。

ドラッカーが指摘するように、仕事オンリーできて会社以外で、生きる世界をもっていないから、社長退任後も会長職や相談役として組織にしがみついているのだ。長く居続けることで、次世代の経営者の芽をつむだけでなく、取り巻く幹部や役員たちも高齢化し会社の活気がなくなる。しかも、会社中心の生活をしてきたから、ドラッカーが言うように視野が狭くなり、まずまず会社が内向き志向になり、閉塞感のある会社になっていくのではないか。

そして、そういった経営者たちは、いわゆる老害になっていくのだ。日産自動車のカルロス・ゴーン容疑者のように、長く経営するとロクなことをしなくなるのだ。一般社員とちがって老後のお金は十分すぎるほどあるのだから、その報酬を若い人たちに配分し、若い世代に経営を任せ、さっさと隠居をすべきだと思う。

さて、経営者の話はここまでにして、一般社員の話に移ってみる。ここでいう一般社員とは、60歳もしくは、65歳で定年を迎える社員を想定している。経営者は、会社にしがみ続ければいいが、一般社員はそうはいかない。会社にいる間、会社人間でいて、会社以外の人や組織との交流などがなく、仕事以外にこれといった趣味もない場合、第四章で紹介したような「濡れ落ち葉族」や「わしも族」になっていく可能性があるのだ。

ドラッカーが、本人のためにも企業のためにも危険なこと、というのは、こういったことを言いたかったのではないかと思う。危険な末路にならないためにも、早めに会社人間を卒業したほうが身のためのようだ。

第五章　会社と個人のあり方

第一節　仕事とは何か

仕事とは自分にとってどのような意味があるのだろうか？辞書で「仕事」と引くと「業務または職業としてすること」、「何かを作り出すまたは何かを成し遂げるための行動」とある。その行動を「働くこと」と捉えて、もう少し考察をしてみたい。

働くとは、「目的にかなう結果を生ずる行為・作用をする。仕事をする」と辞書にある。では、何のために働くのだろうか？生活していく手段のため？美味しいものを食べて、大きな家に住むため？人から尊敬されたいため？自己実現のため？社会とのかかわりを持ち、社会に貢献するため？……。さまざまなことが頭に浮かんでくる。

本当に我々は「何のために働いているのだろうか？」

そこで、働くという本来の意味を考えてみる。働くとは、「傍（はた）を楽にする」すなわち、他者の負担を軽くしてあげる、楽にしてあげるということのようだ。つまり、利己ではなく、利他、すなわち人の役に立つ、世の中の役に立つこと。

しかし、現実には、自分の生活をしていかなくてはいけないいし、美味しいものも食べてみたいし、人から尊敬もされてみたい。つまり、人の役に立つまえに、我々は自立をしていないといけないということだ。もちろん、自分や家族の生活のために一生懸命に働いている人もいるし、大きな買い物をするとか、大きなプロジェクトを成功させるなど目標をもって働いている人もいるだろう。

かつてベストセラーとなった「上司が鬼とならねば部下は動かず」（プレジデント社）の著者である染谷和巳氏は、「仕事は人生の目的である。仕事観と人生観が一致している人生ほど楽しいものはない」と喝破する。

以前の私は、出世をするために仕事を人生の目的として懸命に働いてきた。昼夜、土日関係なく、上司の期待以上の成果を出すために働いた。そして、上司の左遷により、いままでの順風満帆だったサラリーマン人生が一変し、「うつ」状態になった。もちろん、中には、順調に出世する人もいる。しかし、その人の出世もごく一部の人を除いて、いつかは止まる。その理由は、私のように上司の左遷であったり、本人や家族の事故や病気、運悪く不祥事に巻き込まれたり、部下の失態の責任を取らされたり、さまざまなものがある。もちろん、ピーターの法則、すなわち「人間は能力の限界まで出世する」に従い、能力相応の地位まで昇りつめる人もいるだろう。もはや私にとって「仕事は人生の目的」ではなくなってしまったのである。

また、染谷氏のように独立している人やフリーランスの人は除いて、サラリーマンであれば、自分では仕事を選べないし、嫌な仕事でもしないといけない。もちろん、意に反する転勤もしなければならないし、意に反した異動や理不尽な左遷もある。そういう中で、果たして、何割のサラリーマンが、「仕事は人生の目的」と考えられるだろうか。この問いについては、次章以降でさらに考えていきたい。

「サラリーマンには定年がある」ことも、「仕事は人生の目的」といえない物理的な理由のひとつと考える。ロンドンビジネススクールの二人の教授が書いた「ＬＩＦＥ　ＳＨＩＦＴ－一〇〇年時代の人生戦略」には、興味深いことが書かれている。かつての「みんなが足並みをそろえて教育、勤労、引退という3つのステージを生きた時代は終わった」と言う。人生百年時代になると、引退する六十歳から四十年の時間があるのだ。これからは、いままでのような固定的な3ステージより、多くのステージからなる「人生のマルチステージ化」を提案している。具体的には、世界中を探索したり、起業したり、複数の仕事を組み合わせた活動をするステージなどを提案している。

そういう状況になると、仕事はステージ毎に、意味合いや位置づけが変わってきて当然なのだ。例えば、引退後のステージでは、ボランティアを行って社会貢献を行うことを仕事にしてみたり、会社生活での人脈やノウハウを生かして、起業して生きがいを見出したり、シルバー人材派遣会社に登録し、社会との接点を持ちながら、老後資金を稼いだりすることもあろう。そういった仕事を通じて、仕事の意義や目的が自然と出てくるものではないか。

次に、染谷氏が述べている後半部分、「仕事観と人生観が一致している人生ほど楽しいことはない」はどう捉えたらいいだろうか。これは、前提条件として「仕事が人生の目的」とするか、そうでないかで意見がわかれるように思う。前者の人は、仕事＝人生を目指しているのだから、一致していれば楽しいに違いない。後者の人は、仕事では厳しいが、家庭にもどるとルーズな人、仕事ではうだつが上がらないが、趣味やボランティアをやらせると生き生きしている人達からみると、決して仕事観と人生観が一致していなくても、所属する場所や立場で使い分けることで人生を楽しんでいるのではないだろうか。

第二節　仕事の報酬とは何か

「何のために働くのか？」

誰でも自分に問いかけたことがあるのではないか？順風満帆にいっているときではなく、仕事で行き詰ったときや失敗したときに繰り返し自分に問いかける質問ではないだろうか。

こんな問いかけに、どのように答えたら良いのだろうか。生活をしていくお金を稼ぐため。遊ぶお金をかせぐため。贅沢をしたいから。しかるべき地位に就きたいから。家族を養うため。いろいろな答えが頭の中をめぐっては、打消し、結論に達しない人も多いのではないか。自分の結論を持っている人は、一つの意見としてこれから付き合って欲しい。

日本で一番大切にしたい会社シリーズの著者でもあり、法政大学大学院政策創造研究科教授の坂本光司氏は、一貫して、人間は、自分の幸せのために働くのではないと主張する。「働く」という漢字は、「人のために動く」と書くので、働くとは、人の幸せのために働くと喝破する。そして、働くことの物差しはまずは利他であり、人のため、お客さんのためになるかどうかを考えることだと。「利他、利他、利他……」そうやって努力していれば、まるでこの世に神様がいるように、ご褒美が訪れ、利他のために働いていたことが、自利になる瞬間が訪れるのです。すべての人にチャンスがあります。人の幸せが自分の幸せになるその瞬間を、ぜひつかみとってくださいと述べている。

また、元内閣官房参与で、多摩大学大学院教授である田坂広志氏は、著書「仕事の報酬とは何か」で、目には見えないが、一生失うことのない「最高の報酬」がある、と説く。それは、仕事という作品の創造を通して得られる、技術の熟練、人との出会いと学び、完成の喜び、その結果としての「人間的成長」であるというのだ。その成長に関し、田坂氏は、「人生において、「成功」は約束されていない、しかし人生において、「成長」は約束されている」と述べている。(『逆境を越える「こころの技法」』ＰＨＰ研究所)とかく、他人との競争に勝つことや自分が掲げた目標を達成することだけを報酬と捉えがちであるが、示唆に富む、含蓄のある言葉であり、好きな言葉の一つでもある。

30年以上サラリーマンをしてきて思うのは、働く意味は、年齢によって変わるというのが正直な思いだ。もちろん、起業した人やフリーターの人は違った思いがあると思うが、サラリーマンしかしてこなかったので、その視点で考えてみる。入社したてのころは、とにかく遊ぶためのお金が欲しかった。いつも、月末になると先輩からお金を借りてなんとかその月を乗り切ってきた。もっとも、今ではカード決済やカードローンがあるので、先輩に借りるような若手社員はいないと思うが、当時カードでお金を借りていたら、気軽に借りられるので、超過債務になってのではないかと背筋が寒くなる。

結婚して、扶養家族ができると、家族のために働く、あるいは、我が家を建てるために働く、教育費を稼ぐために働くように気持ちが変化していった。もちろん、会社の中では、中堅社員の位置づけになるので、出世のために働くという思いがなかったといったらうそになる。

そして、管理職になって、会社での責任が重くなってくると、家族よりも会社の役割を果たさなければならないという気持ちのほうが強くなってきた。決して家族を犠牲にしていたつもりはないが、会社の仕事や上司や部下との付き合いの時間が増えてくると自然と家族と過ごす時間が減ってきた。これでは、いけないと思いつつも、出世して収入が増えれば、家族のためになると言い聞かせて、深夜まで働いたこともたびたびあった。その時は、働き意義や意味といったものは何かと考えている余裕がなかったし、考えている時間がなかった。

私は、53歳の時に「うつ」を経験した。家族や友人の協力、精神科医の治療により、ほぼ1年をかけて「うつ」から脱出することが出来た。それをきっかけに、会社や仕事、人生に対する考え方が一変した。その時に、働くことで、しかるべき地位に就きたいという気持ちは全くなくなった。

「うつ」から立ち直った体験を同じ悩みを持つ人たちと共有化し、少しでもそういった方々に役に立ちたいとの思いから本を出版したいと思っていた。表参道にあるシナリオ教室で勉強したり、渋谷のライター講座にも通い、文章を書く、出版をするとは何かを二〇代、三〇代の方々と一緒に基本から学んだ。そして、全くの素人ではあるが、思いだけで原稿を書き上げ、出版社に持ち込んでみた。

その時に、ある出版社から「寺島さんの本は、人や自分を勇気づけようという内容なので弊社の方針と合い、編集ではお役に立てると考えています。」という回答を頂いた。本を出版して、同じ悩みを持つ人たちに役に立ちたいという思いと同じ方向を向いていると考え、その出版社で出版をすることに決めた。

その出版社は、精神障がい者とともに、生きやすい社会作りを目指している会社だ。法政大学の坂本教授が出版している「日本で一番大切にしたい会社」にも紹介されている尊敬すべき、志の高い会社である。出版の打ち合わせの中で、「私も、御社のように社会貢献をしたいですね」と思わず口に出したところ、つかさず、「今の本を出版することが社会貢献ですよ！」と即座に言われた。「そうなんだ。本に書いたことを、同じ悩みを持つ人に知っていただき、少しでも勇気やヒントを与えられることが社会貢献なんだ」と確信し、やる気と誇りを頂いた瞬間だった。

私は、一流企業と言われる会社に勤務しているが、日々の業務において、直接社会貢献している実感を味わうことは少ない。モノづくりを通して、人々が必要とする商品を提供したり、社会のインフラを供給したりしていることはわかっている。ただ、手ごたえを感じられないし、誇りも遠い昔に置いてきたような気がしていた。しかし、今回の出版を通じて、社会に貢献することは何か、貢献する方法は何かを学ばせていただいた。

サラリーマンを30年以上経験してきた、今、「何のために働くのか?」という質問に答えるとしたら、つかざず、「人の役にたつために働く」と答える。坂本氏のように、「人の幸せのために働く」とまでは、言い切る自信はないが、少なくとも「人の笑顔を見るために働く」ことを考えると働くことにやりがいを持つことができる。その結果として、田坂氏が言われる最高の報酬である「人間的成長」ができれば最高だ。

第三節　女性から見た仕事と人生

仕事の意味や意義について考えてきたが、女性ならどう考えるのかを考えてみたいと思っていたところ、ちょうど父親を突然亡くして会社を引き継いだ二人の女性社長の対談を読む機会があったので紹介したい。

お二人ともに、創業者である父親を突然亡くし、三二歳にして倒産の危機にあった会社を引き継ぎ見事に再建をはたしたという。その中の一人は、ダイヤ精機社長の諏訪氏だ。彼女については、２０１３年に出版した『町工場の娘』が原作となって、ＮＨＫの金曜夜一〇時の枠で「マチ工場のオンナ」というドラマが放映されているからご存じの方もいるかと思う。もう一人の方は、日本電鍍工業株式会社社長の伊藤氏だ。

では、お二人の対談の一部を見てみよう。

諏訪氏「私は何でこんなに不幸なんだろう、誰も私の気持ちを分かってくれない。

そんな時出会ったのが、シェイクスピアの言葉でした。『世の中に幸も不幸もない。ただ考え方次第でどうにでもなる』」

伊藤氏「私も生きるか死ぬか以外は悩みじゃないっていつも言っている。些細なことに囚われ一喜一憂していたら経営は出来ませんね」

この言葉からも、突然会社を立て直さなければならない状況に追い込まれ、想像を絶する苦労を重ね、再建の苦労が尋常でないことが伝わってくる。

そんな二人にが「何のために働くか」について述べている部分を引用してみる。

諏訪氏「ワークライフバランス。バランスなんて言っていられないですね。そんなことをやっていたら仕事出来ないと思います。私は一度しかない人生を後悔しないために働いています」

伊藤氏「働く目的とは、自分が学んだことを社会に貢献するためであって、世の中の役に立つことが人間のあるべき姿だと。だから、ワークライフバランスという言葉が好きではない」

二人の経営者の仕事観、人生観の一部かもしれないが、短い言葉の中に、人並みならぬ苦労経営したゆえの重みと説得力を感じてしまう。オーナー経営者として、従業員やその後ろに控えている家族を養っていく立場であると、ワークライフバランスなどと言っている場合ではないのであろう。

別の言い方をすれば、仕事そのものが、ライフであるからバランスを取る必要がないのかもしれない。要するに、仕事とは人生そのものなのだ。

この記事を読んで、多くのことを考えさせられた。女性が考える仕事とは何かについて学ぼうと思ったが、学んだのは経営者の視点だったように思う。そこには、当然かもしれないが、男性も女性も関係ない世界があるのだということを知った。

もう一つは、「働き方改革」とか、「ワークライフバランス」とか、常に労働者側の視点で仕事を捉えていたこと。もちろん、それらの施策は、労働者の生産性向上を図り、やりがいや視野を広げて私生活も充実しながら、経営にも貢献することが目的であることはわかっている。しかし、企業を存続させ、従業員にも給与を払う経営者の立場からすると、もしかしたら生ぬるいのかもしれないと反省した。きっと、彼女らは、そういったことを言う前に、会社を再建し、生活するためのお金を稼ぐ必要があるのだろう。まして、従業員やその家族を養わなければならないのだから大変ということばが軽く感じられる。

オーナー経営者は、サラリーマンとちがって定年退職がない。つまり、サラリーマンとは違って、健康であれば、自分が辞めたいと思うまで、仕事をすることができる。しかも、自分の努力次第でたくさん稼ぐことも可能なのだ。したがって、仕事に対する考え方もサラリーマンとは異なるのもうなずける。

しかし、彼女たちの仕事に対する考え方、すなわち「一度しかない人生を後悔しないために働く」「働く目的とは、自分が学んだことを社会に貢献すること」は、共感する部分もあるし、学ぶべき点がある。

第四節　起業家にとっての仕事とは何か

かつてベストセラーとなった「上司が鬼とならねば部下は動かず」（プレジデント社）の著者である染谷和巳氏は、「仕事は人生の目的である。仕事観と人生観が一致している人生ほど楽しいものはない」と喝破していることは第一節でも紹介した。彼は、教育訓練を全国の企業・団体向けに実施、展開している（株）アイウイルを創業した起業家である。

もう一人の起業家で、hapi-robo st の代表取締役社長で、ハウステンボス取締役ＣＴＯである富田直美氏の仕事観に関してのインタビューとして「自分の幸せをシンプルに考えて生きる」と題し、２０１８年8月号の月刊誌「致知」に記載されていた。

その中で、仕事や人生で心がけてきたことはなんですか？という質問に対しての応えた内容が印象的であった。

「それはは っきりしていますよ。『自分の幸せ、自分がやりたいことは何か自分で考えろ』『コピペで生きるな』」と言われている。続けて、自分が何をすれば本当に幸せになれるかということは、自分しか分かりません。にもかかわらず、親や周囲の大人たちが、「いい大学に入って、有名企業に入れば幸せになれる」と言うから、みなそうした人生をコピペして生きているんですと言う。そして、そういう自分の人生哲学を持たない人が多くなっているから、「ワークライフ・バランス」という言葉もでてくると言う。僕は、好きなことに取り組んでいるから「ライフ」しかないと言う。前出の染谷氏と同じく、仕事と人生を分けずに、同一視している点で一致している。

この記事を見て、なんて羨ましいのだろうと思った。私は、まさに「いい大学に入って、有名企業に入れば幸せになれる」という親の考えの下にそういった人生をなんの疑うこともなく、ついこないだまで生きてきた。富田氏いわく「コピペ」の人生を歩んできたのだ。彼の言うように、自分の幸せ、自分がやりたいことを自分の頭で考えることの重要性を今更ながら学んだ気がした。

なぜ、このように彼は、好きを仕事にすることで、生きて来られたのだろう?ふつうは、生活のために、嫌なことでも仕事にすることが普通なのではないかと思うのが、凡人の私なんかは正直に思ってしまう。

それは、彼の育った環境が大きいと考える。哲学者で英語教師の父、明治生まれで津田塾大を出た才女である母を両親に持ち、一番上の姉とは１３歳の離れた三男として生まれた。そして、何不自由することなく、わがまま放題に育ったからだと推察する。

一方で、私の方は、田舎から丁稚奉公で東京に来た中卒の父、同郷の母を持つ、職人の次男として生まれた。高度成長期に育ち、松下幸之助を尊敬し、お金持ちになることを夢見て、節約をしながら生活してきた。したがって、息子には、苦労させたくないという思いから、大学に入れ、大企業に入れるのが夢だったのは容易に理解できる。東京下町で育った私の周りには、同じような境遇の人達ばかりだったのでなんの疑いもなく育った。

どちらに人生が良いというつもりはないが、過去があるから今があるので、過去を悔いても仕方がない。会社人生の先が見えてきたが、人並みの生活をしてくることができた。これも、コピペ人生のお陰でもあるのだ。今は、ある事件をきっかけに体調を崩したことで、会社人間を卒業し、会社と距離を持って対等に生きることができるようになった。会社に依存し、多くの時間を費やしてきてしまったが部分も無いとは言えない。人生を犠牲に、無駄にしてきた時間を多く過ごしてきたことも否めない。

しかし、これからは、富田氏のように、自分が幸せになるために、自分がやりたい事をやり、自分ならではのライフを送りたいと考えている。それは、自分の人生をコピペで生きて来た反動なのかもしれないが、前述の町工場の娘たちが述べていたように「一度しかない人生を後悔しないために働く」「働く目的とは、自分が学んだことを社会に貢献すること」をサラリーマンでいながら挑戦している。特に、「自分が学んだことを社会に貢献する」ことをライフワークとして取り組みたいと考えている。この取り組みについては、第6章で詳細述べることとしたい。

第五節　会社人生は必ず終わる

仕事に求めるものが、年齢によって変わることを述べた。会社人間になるのが、ちょうど40歳前後だ。そして、上司から評価され、出世していくとますます会社にのめり込む。責任も重くなるので、会社で過ごす時間が結果として長くなり、立派な会社人間が完成する。そんな、会社人間へのインタビュー記事が、雑誌「致知」（二〇一八年一月号）特集「仕事と人生」の中に載っていたので、その年代の一つの事例として取り上げてみたい。

インタビューの相手は、斬新なアイデアで、事業を立て直したエリートサラリーマンだ。年齢は、ちょうど50歳で、上昇意欲満々で、会社を背負っているという思いをもっている人だった。そのインタビューの中で、仕事観について聞かれて、次のように応えている。

「いまワークライフバランスということが言われていますが、仕事を全うしてこそサラリーマンをしている意味があるし、それができる人がきっと会社も家庭も守れるんだと思います。」会社の中で、成果を出し、上り調子の人の発言だという印象を持った。仕事ができない人は、会社も家庭も守れないと断言しているのだ。

これを読んで思い出したのが、さだまさしさんの「関白宣言」だった。1979年の歌なのでかなり古いが、「忘れてくれるな～　仕事も出来ない男に　家庭を守れるはずなどないってこと」と歌っていた。きっとこのエリートサラリーマンは、「関白宣言」を堂々と歌えるようなイケイケの人なのだろうなと思った。つまり、会社の中で、高い地位まで昇り、会社の中核人材として活躍している、いわゆる「仕事ができる男」なのだ。

では、そのさだまさしさんが、十五年後に歌った「関白失脚」では、歌詞がどのように変化しているのだろうか。「忘れてもいいけど、　仕事の出来ない俺だが精一杯がんばってんだよ　俺なりにそれなりに」「そして今日も君たちの笑顔守る為に仕事という名の戦場へ往く」「世の中思い通りに生きられないけど　下手くそでも一生懸命俺は生きている」と歌詞が続き、最後に「がんばれがんばれがんばれみんな」と言って中高年のサラリーマンを激励して終わる。

もちろん、この方が、「関白失脚」になるとは思っていないが、誰もが会社の中で、やる気満々で、イケイケの時代がある。しかし、多くの人たちが、理不尽とも言える世の中で思い通りにならずに、家族や自分のために一生懸命に生きていくようになるのだと思う。現に、私も同じようにイケイケの時代があったが、これまで述べたように53歳の時に、直属の上司の左遷で、一転。体調を壊し、関白宣言から関白失脚の状況になった。

ちなみに、日本の民間大企業の管理職比率は一割程度で、一〇人に一人しかなれないという。まして、大企業の役員になれるのは同期入社のうち千人に一人、すなわち0．1%とも言われている。最も難しいと言われている弁護士試験の平成二七年度の全受験者の平均合格率が、3．8%であることを考えると、この数字がいかに到達困難であるかわかる。したがって、多くの人が、関白失脚になる可能性が高いのだ。

このエリートサラリーマンは、運よく（失礼だが）出世街道をまっしぐらに進み、更に上のポストにつくかもしれない。ただ、役員や社長になったとしても、いくところまで行って、かしずく人がいなくなって認知症になる人もいるらしいから、何が人生にとって良いかはわからない。人間万時塞翁が馬なのだ。

一方、ロサンゼルス・タイムズ紙では、２０２０年に８２．９歳だった日本人の寿命は、２０５０年には９０．９歳に延びるだろうと言及している。いわゆる、人生１００年時代が現実化するのだ。そうなると、退職後の人生が四十年近くもあり、会社人生と同等の時間があり、長い。かつては、会社人生を全うして、退職し、年金で隠居生活を送りこの世とおさらはすれば良かった。これからは、仕事一辺倒の生活から、人生の後半戦で生きていくためのスキルや価値観を構築するための生活へ早めにシフトする必要がある。

もちろん、四十歳くらいまでは、苦労を買ってでもして、会社どっぷりの時期があってもよいが、四十歳を過ぎてからは、その生活を少しずつ改め、五十歳からは人生の後半戦の準備を開始する必要があると感じている。「定年後　－５０歳からの生き方、終わり方」（中公新書）の著者である楠新氏も、人生の後半戦を充実するためには、５０代からの助走が必要だと述べている。

我々サラリーマンは、「会社人生は、必ず終わる」ことを現実のものと受け止め、そして、人生の後半戦は長く、その後半戦をイキイキできることが、充実し満足のいく人生が送れることを忘れてはならない。

第六章　「会社人間」から脱出する

第一節　自分の人生を経営する

会社人間は、会社の中に自分を置いて、自分や家族の時間を犠牲にして会社にささげる生き方だ。そういった生き方は、若いうちであれば、自分を極限まで追い込み、自分自身を磨くのに役に立つことがあるので、決して否定する生き方ではない。しかし、いつまでもそういった生き方をしていてはいけないと思う。ある程度年齢を重ねたら、もしくは、これからの時代は、自分の中の一部に会社があるという意識を持ち、自分と会社を対等の立場に考える生き方が必要だと思う。

経営の神様といわれた松下幸之助氏は、次のように述べている。

「人生もまた経営や、
　君らは自分の人生を　経営している経営者という意識を持たなあかん。」

会社人間を卒業して、ようやくこの言葉の意味するところが良くわかった。いままでは、自分という会社を経営していたのではなく、会社に使われていた忠実な従業員だったのだ。意識の上では、会社を客観視し、口では会社の悪口を言ってアウトサイダー気取りでいた部分はあったが、実質、会社に人生を依存し、自分の人生を経営されていたのだと思う。もちろん、忠実な従業員が悪いわけではないが、自分会社も会社に身売りしてまって、あたかも奴隷のように人生も会社に預けてしまって周りが見えなくなったのかもしれない。

先日、役員を退任した元上司と飲んだときに、この話しをした。そのときに、彼は「出世街道ばく進中には、気がつかない。役員を退任してから、ようやく自分の人生を経営することの大切さがわかった。」と後悔の念も込めて述べていた。そうなのだ。頭でわかっていても、当たり前と思うことに気がつかず、会社中心の人生になってしまうのだ。

もちろん、冒頭述べたように、20代や30代であれば、一度は会社にどっぷりつかる時期があっても良い。逆にそうでなければ、会社の仕組も理解できないだろうし、自分が限界と思っている以上のことをやらないと、自分自身が成長しない。もちろん、過労死になるまで働くのは論外であるが、寝食を忘れて仕事をする体験も必要だと考える。

「自分の人生を経営している人」として思い出すのが、米国大リーグのマリナーズ等で活躍したでイチロー選手だ。彼は、「第三者の評価を意識した生き方はしたくない。自分が納得した生き方をしたい」と言っている。誤解のないように言えば、「自分の評価は自分が決める」ということだろう。第三者の評価や打率などの結果を真摯に、謙虚に受け入れるが、学んだことを生かし、改善するのは自分だ。そして、その改善方法を決め、努力するのも自分だ。人はそこには介在しないということなのであろう。自分を成長するために、自分以外から学ぶことは忘れずに、自分の考え方を大事にして、最終的には、「自分が納得したかどうか」を評価軸にするような生き方がイチロー流だと考える。

一方で、会社にどっぷりつかっていると、人間の評価軸は、会社の評価になる。つまり、査定の評価結果であったり、昇給や昇進、そして出世が評価軸だ。会社の中にいると、それが、個人に対しての人間の評価のように考えがちだ。会社の評価は、いままでの述べてきたように、本人の実力で決まるのではなく、運や好き嫌いの感情を持った人が行うものだ。そして、人生の中の一側面の評価であることを肝に銘じる必要がある。イチロー流に言えば、そういった他人の評価に振り回されることなく、自分の評価で決めればよい。今のポジションが、自分で納得すればそれでよいし、納得していなければ自分の評価を大切にしたほうが良い。

偉そうに言っている私も、会社人間であったときは、なかなかそうは思えなかった。だからこそ、今、会社にどっぷりつかっている人や不遇な処遇により会社に疑問や不満を持っている人に、早くわかってもらいたいのである。

これからは、会社への依存度を下げ、自分会社と会社をイコールパートナーとしてとらえ、自分会社を経営する。その評価基準を「自分が納得したかどうか」として生きる。たった一度の人生、二度ない人生を楽しく、自分で思ったことをやり抜く人生になるように少しでも近づきたいと思う。さあ、今からでも遅くない。自分会社を起業しよう。

第二節　死生観をもって生きる

マスコミのインタビューを受ける松本サリン事件の被害者である河野義行氏を見るたびに、「落ち着いているな」「論理的だな」「人間ができているな」とずっと思っていた。その理由は明白だ。マスコミが寄ってたかって、犯罪者のように扱かい、奥さままで意識不明の被害にあったのに、落ち着いてインタビューが受けられるのだから大したものだと思う。

しかも、奥さまは、１４年間の懸命な介護をしたが、意識はもどることなく、2008年に亡くなっている。私であれば、取り乱して、犯罪者のように取り扱った警察やマスコミ、そして世間に対して、文句を言って、土下座をするように要求しているかもしれない。まず、謝罪があってからインタビューしに来い！と叫んだかもしれない。しかし、河野氏は、取り乱すことなく、淡々と、しかもロジカルに受け答えをし続けていた。

麻原彰晃死刑囚が死刑になったとあとのインタビューでも、内心はどうだったのか分からないが、「これで、あの事件の真実に迫ることができなくなって、本当に残念です」といつものように落ち着いて受け応えをされていた。普通ならば、自分の妻の殺人犯が死んだのだから、「ざまあみろ」とか、「正義は必ず勝つ」といった気持ちになって、それが言葉に現れると思うが、そうではなかった。同時に、死刑反対も訴えていたようだ。これは、麻原死刑囚に対してというよりも、ご自分があやうく犯罪者になった経験からの発言だと思うが、このタイミングで、そういった発言ができるのは流石だなと感心した。

このような河野氏に対する長年の疑問を解くように、河野氏の著書「今を生きる幸せ」を読んだ。この本は、河野氏が長年住み続けていた長野県松本市から鹿児島市に移住し、新しい人生を歩む河野義行さんの「人生をラクにする考え方」を綴ったエッセイだ。

そこで、分かったことは彼の死生観が、そうさせているのではないかということだった。

それは、

1. 誰もが明日死ぬかもしれない
2. 人生には限りがある

3．ありのままを受け入れる

と彼は述べている。こういった覚悟をもって生きていると、たとえ松本サリン事件のような修羅場であっても、すべてをありのままに受け入れることができて、落ち着いて論理的にインテビューを受けることができるのだと思った。もっとも、論理的にしゃべれるのは、ご本人の高い能力があってのことだとは思うが。

河野氏は、週刊女性2015年3月31日号のインタビューに次のように答えている。

「死はいつも隣り合わせにある。そしてそれは突然やって来る。そんな中で、少なくとも生きている間は楽しく生きたほうがいい。被害を受けてつらい思いをし、特定された加害者を毎日毎日、恨んで過ごす—そんな日々が楽しいですか？過去が変えられないのなら、受け入れるしかないんですよ」

さきほどの本が2012年6月に発行されているのだから、この時も、そういった死生観を継続して、実践されていることが伺える。

同じような死生観を持つことを強調されている方がいる。田坂広志氏だ。多摩大学院教授で、シンクタンク・ソフィアバンク代表で、田坂塾の塾長として、人間成長をめざすための切磋琢磨の場である田坂塾を提供している。私も、塾生として登録し、指導を受けている。特に、六本木ヒルズで年に数回行われる特別講演には必ず出席して、塾長から指導を受けるようにしている。

その田坂氏は、田坂塾の特別講演の中でも、死生観を掴むことの重要性を繰り返し説明されている。人生における次の「三つの真実」を見つめる、そして覚悟を持つことが、「死生観」を掴むことにつながると言われている。

1. 人は必ず死ぬ
2. 人生は一回
3. いつ死ぬかわからない

「今日が人生最後の一日かもしれない。明日、命が終わるかもしれない。だから、今日という一日を真剣に生きよう」と思い定めるならば、人生の密度は、圧倒的に変わる。そして、深い「死生観」を掴むと我々の人生には、「悔いのない人生」を生きる覚悟が定まる、「満たされた人生」

を生きる覚悟が定まる、「成長し続ける人生」を生きる覚悟が定まると言われている。

この田坂氏のメッセージは、さきほどの河野氏の死生観とも通ずるところがある。つまり、「人は必ず死ぬ」「いつ死ぬかわからない」とは、「誰もが明日死ぬかもしれない」と言い換えることができ、「人生は一回」とは、「人生には限りがある」ともいえるのではないか。

そして、田坂氏が言われるように、三つの事実に覚悟を持つということが、河野氏の「ありのままを受け入れる」につながるのかと考える。

50歳を過ぎると、若い時に比べて「死」というものを現実のものとして考えるようになってくる。私の父親は59歳で亡くなっているので、自分ももうじきかと思ったりする。特に、学生時代の同僚や若くして病死した有名人のニュースを聞くたびに「死」を身近なものとしてとらえるようになってくる。

そういった意味で、両氏の死生観を見つめ、覚悟をもって生きる生き方は、いままで以上に理解できるし、身に着けたい考え方でもある。今更かもしれないが、今日が人生最後の一日かもしれないと考え、一日一日を大切にし、楽しく生きる。ありのままを受け入れ、やらねばならぬことよりも、やりたいことを大切にする。そして、社会に役に立つような志を持つことに心がけていきたいと思う。

第三節　ＪＡＬの再生事例に学ぶ

「社畜（しゃちく）とは主に日本で、社員として勤めている会社に飼い慣らされてしまい自分の意思と良心を放棄し奴隷（家畜）と化した賃金労働者の状態を揶揄したものである。「会社＋家畜」から来た造語かつ俗語で、「会社人間」や「企業戦士」などよりも、外部から馬鹿にされる意味合いを持つ。」とwikipediaに記載してある。

この用語の考案者は小説家の安土敏で、広めたのは私だと評論家の佐高信は、「人間が幸福になれない日本の会社」２０１６年4月１５、平凡社の中で述べている。

そして、左高は同書で「社畜とは、会社を離れて自分一人では生きていけない会社人間のことを言う。」と定義している。続けて、社長の言うなりになっている秘書や重役たちを社畜であると述べ、続けて、偉そうにしている社長自身が最大の社畜であると喝破している。

人生100年時代。会社を離れて自分一人で生きていけない人間になってしまうと、第五章で紹介した事例のように、来る定年後は、濡れ落ち葉になるか、壮年「うつ」にでもなってしまうだろう。また、いつまでも、会社のOB会や社友会などにしがみついていては、一生社畜で終わってしまう。

そうならないためには、自分自身を変革し、社畜から脱却することが必須だと考える。そのためのヒントをJALの企業再生の事例を参考に考察してみたい。

稲盛氏のもとでJALを再生させた日本航空元副社長の佐藤信博氏と京セラ元取締役執行役員常務の太田嘉仁氏との対談「かくしてJALは甦った」の中で変革に必要な3つのことについて語っている。

一つは、深い愛情と本気度と言っている。これは、稲盛さんが変革を行っているときに、社員へ深い愛情を注ぎ、そして、必ず成し遂げるという本気度を常に背中で示していたことから学んだことだと思う。もちろん、対談で語っていたブレインの二人の方が、稲盛氏の思いと考え方を現場の中に浸透させ、実行していったから変革がうまくいったのだと思う。

二つ目に、ブレずに、一貫してやり続けることと言っている。これは、京セラで培ってきた、アメーバ経営など稲盛氏が正しいと信念をもったやり方をＪＡＬでも貫いたことを言っているのであろう。

最後に、我慢と工夫。ややもすると我慢をする人と工夫をする人が別になるという発言は新鮮だった。よくある改革は、経営陣が経営の工夫をして、現場がひたすら我慢して実行するというものだと言う。「しかし、稲盛さんのもとで行われた変革では、社員一人ひとりが我慢をしながら工夫をし、経営トップも我慢しながら工夫した。」と振り返っている。これは、現場から中間管理職、そして経営ＴＯＰまでが同じフィロソフィーをもって改革に取組んだということなのであろう。経営と現場が同じ志を共有し、一体となって危機を乗り越えてきということが良く分かった。

これらのことを個人の人生を変革することに置き換えて考えて見る。

深い愛情とは、利他の心、世の中に何か貢献できることはないかを考えることだと考える。その前提として、自分や家族を大切にし、幸せにすることはもちろん必要だ。そういった利他の心が、志となって、本気度となるのではないかと思う。自分の為だけではなく、人に役に立つときに私は、充実感と幸福感を感じるのは、私だけだろうか。

障がい者雇用で有名なチョークなどを製造する日本理化学工業の大山社長が言われている「人間の究極の幸せ」、つまり人に愛されること、人にほめられること、人の役に立つこと、人から必要とされることの後半の3つは、利他の心が幸せにつながっているのではないだろうか。

ブレずに一貫してやり続けることとは、こうした心を原動力にして、行動を起こすことを重ねた結果ではないかと考える。先に、ブレない、やり続けるがあるのではなく、人や社会に役に立つ心が先にあると思う。我慢と工夫とは、目標に向かっていくプロセスだ。決して魔法の杖や成功の法則があるのではなく、課題を一つ一つ乗り越え、工夫し漸進していくことが、実は近道なのであろう。

ここでいう、我慢とは、すぐに結果がでなくても継続するということだと思う。会社人間を卒業したら、楽しみながら工夫をしながら、我慢というよりも気長に構えるとう姿勢が重要ではないかと考える。「利他の心をもって、気長に、楽しみながら工夫していく」ことが、会社人間を変革し、社畜から脱出する上での心構えになるのだと思う。

第四節　自分の周りにある宝に気づく

40年にわたり禅の道を歩んできた横田南嶺師と、天台の名刺を担う阿純章師の対談「いまをどう生きるのか」を読む機会があった。

お坊さんなのだから、悟りを開いていて、我々下々のような悩みはないのだろうなと思いながら読み進むとすぐに間違いであることが分かった。我々と同じ悩みを抱きながら、なんとか乗り越えてきたことが分かった。

特に、共感を覚えたことが二つあった。

一つは、横田氏の思わぬ言葉であった。「私は長い間、この粗末な食事を頂くのが修行だと思っていた。耐え忍んだ先にいいことがあると考えていたわけですが、本当はすでに最高の環境にいて、最高の食事を頂いていた。宝の山にいながら宝に気がつかずに、苦労をして修行していると思い込んでいた。この世界で４０年やってきて、ようやくですよ。」

この文章を読んでふと、心屋仁之助氏の「がんばる教信者」からの脱出を思い出した。つまり、自分が頑張っていると思っていると、「がんばっていることを人に認められたくなる」「がんばっていることが苦痛になる」「好きや楽しい心を忘れる」「現状を変えないといけないと焦る」「今に生きずに、将来に生きる」などなど悪いことばかりが頑張っている自分を襲ってくるというものだ。

たしかに、今の自分の周りを見ると、決して豊かではないが、一緒に人生を共にする家族に恵まれている。長男は、重度の自閉症だが、天真爛漫な笑顔をみると癒されるし、この子のために生きようと強く思う。なんで、自分の子供に限って障害をもって生まれなければならないかという思いがなかなか捨てられなかった。しかし、この子によって生かされていると思うと感謝と勇気の気持ちが湧いてくる。私にとってのかけがえのない宝なのだ。

もちろん、生活をしている中で、悩みは尽きることはないが、子供の笑顔や妻とのなにげない会話、住宅ローンで買った我が家の中には、我が家しかない世界にたった一つの「宝」がある。会社人間を卒業したら、決して人と比べずに、今に感謝しながら肩の力を抜いて生きることが大切だと思うし、卒業したからこそできる生き方なのかもしれない。

そんなことを感じていた私に、二つ目の金言が飛び込んできた。

行に終わりはない。「まだまだ」と「よし」の繰り返しという言葉だ。これは、お二人が尊敬する三千院門跡門首の堀澤先生が、おしゃっていたと回顧している。続けて、「やっぱり、その二つの心を常に持っていることが大切なんだと。」語っている。

「現代経営学」の発明者ともいわれる経営学者であるＰ・Ｆ・ドラッカー氏は、次のような言葉を残している。

「二十一世紀に重要視される唯一のスキルは、新しいものを学ぶスキルである。

それ以外は、時間と共に廃れていく。」

「教養人とは勉強し続ける人間」

新しいことを学び、勉強して自分自身を成長させることは、必要なのであろう。凡人の私も、「まだまだ」「よし」は、真似をすることができる。三歩進んで二歩下がるかもしれないが、一歩でも進むように、「よし」といえるように人生を歩んでいきたい。ただし、「宝」を忘れずに、肩の力を抜いて、他人とは比べずに、楽しみながら。

第七章　50代からワクワク生きる・働く方法

第一節　会社人間にならない働き方

かつては、企業戦士や会社人間を生み出し、そして社畜を生み出している日本企業。近年では、過労死や過労自殺を発生させるブラック企業が問題になっている。そして、電通のような「優良企業」であっても過労死を発生させている大企業は他にも複数企業あり、東北大名誉教授の野村氏は、「ブラック・アンド・ホワイト企業」と名付け、分析、問題提起をしているなど、日本企業が内在している問題は深刻だ。

そういった中で、日本政府が主導している「働き方改革」のセミナーを聞いたり、新聞記事を読んでも、掛け声だけで、日本の働き方が変わるとは思ったことがなかった。しかし、外資系の日本企業の人材育成に対する考え方や会社と個人とのかかわりなどについて話を聞く機会があり、これが、「会社人間をつくらない働き方」だ、そして「日本企業の働き方が変わる」と感じた。

個人の人生を会社にささげ、組織に従属するような日本企業の働き方、働く個人の会社とのかかわり方に疑問を持ち、やり方を変える必要があると考えていたが、そういった懸念を払しょくし、希望が持てる取り組みを聞けた。

では、その外資系の日本企業の話を具体的に見て行こう。

会社と個人は依存関係ではなく、共存関係であり、株式会社私の中に会社があるというYAHOO!の人事観。自律的なカルチャーで変革をしているGOOGLE。２０１８年版「働きがいのある会社」大規模部門（従業員１０００人以上）で第1位のCISCOは、自分のキャリアは自分でつくり、個人はゴールを達成する為のパートナーとして、より深い信頼関係を築くことを全社方針として取り組んでいる。そして、「私は毎日自分の強みを生かせていると感じる」ことを組織の強みとしているという。

もちろん、今述べた会社では、徹底的な成果主義が行われ、能力のないものは評価をされずに、去っていかざるを得ない厳しさはあるようだ。しかし、会社と個人は対等で、個人の人生の中に会社があることを、会社として取り組んでいるのだ。

このように個人としてアイデンティティーを確立し、自律的に生きるような個人が会社と契約関係を結ぶ会社が増えてくれば、かつての日本企業に多くみられたように家族主義で、会社と濃厚な関係を築き、会社と共に人生を歩む従来型の会社は淘汰されていくのかもしれない。そして、今後、こういった会社が増えていけば、第4章で見たような会社人間の悲惨な末路になる人は、間違いなく減少すると確信した。

一方で、2016年に経済産業省が創設した「健康経営優良法人制度」にも注目したい。これは、優れた健康経営を実践している企業や団体を大規模法人と中小規模法人の2部門に分けて顕彰する。そのうちの大規模法人部門で認定を受けた法人が「ホワイト500」という愛称で呼ばれている。これら企業は、「ホワイト500」として認定を受けた企業として、過労死や過労自殺を発生させないことはもとより、従業員の健康管理、増進を継続的に行って欲しい。特に、認定された企業の中から過労死や過労自殺が発生しないことを切に望む。

また、社員の幸せと働きがい、社会への貢献を大切にしている企業をホワイト企業とし、そういった企業を「ホワイト企業大賞」としてホワイト企業対象企画委員会が、天外塾と一般財団法人フロー・インスティテュートが共催して、年一回企画、選定し、公表、表彰している。2015年から表彰を開始しており未来工業株式会社やネッツトヨタ南国株式会社や西精工株式会社が過去表彰されている。

この中の西精工株式会社は、徳島のナット製造・販売メーカーであり、社員の9割が「月曜日に会社に行きたい」と思う会社、社員が「最後に行きたいと願う」会社などで知られる超優良企業だ。西社長の経営は、「大家族主義経営」。会社は「社員が幸せになるため」として、社員の幸せを追求した経営で成長し続けているという。

今後これらの制度や意義が、日本企業や広く日本全国へ浸透し、決して過労死や過労自殺を発生させない、従業員一人ひとりが健康で働きがいのある会社生活や生きがいのある人生が送れるように更に改善されることを期待したい。

第二節　出世以外の価値基準を創る

会社人間や社畜のエサは、会社の評価であり、出世だ。しかし、いままで述べてきたように、サラリーマンの出世は、ピラミッド組織である以上、出世はトーナメント方式で行われるのだから勝者と敗者がでる。しかし、その判定が実力以外に上司の好き嫌いや運できまる。また、不正というルール違反をして成果を出した者が出世するのだから自分では制御できない。しかも、トーナメント方式だから勝ち残っていく人は、上にいけばいくほど少数となり、最後は一人だけが残っていく。

こういったサラリーマンの出世に対して、経済評論家の山崎元氏は、著書「仕事とお金で迷っている私をホンネでズバッと斬ってください」（すばる舎）の中で次のように述べている。「一つの組織における「出世」の程度は、運や他人の気まぐれに大いに左右されるし、自分の働き心地と報酬の差（日本の企業では今のところ小さい）に影響する程度の問題にすぎません。」

「出世は、運や気まぐれに左右される」というのは同感だ。「出世」の程度が自分の働き心地と報酬の差に影響する程度の問題と言っているが、それは、人生全体で捉えると大きな問題ではないと言っているのだろう。つまり、個人が人生の中の役割としては、父親だったり、母親だったり、子供だったり、親や地域住民、趣味人など多数の役割を担っているから、会社での役割は所詮たった一つの役割にしかすぎないからだ。

しかも、人生100年時代で考えれば、会社で過ごす時間はそれほど多くはないのだ。どれくらいの時間かというと、20歳から働きはじめて、60歳まで40年間会社勤めした場合の生涯の労働時間は、2015年の平均年間総労働時間が、1，719時間／一人（※）だから、その40倍の68，760時間である。この時間は、85歳くらいまでは健康で生きられるとして、1日に8～9時間の自由時間があったとすると、60歳で定年退職してからの25年間で約80，000時間になるから、会社勤めをしている時間より長いのだ。

（※）独立行政法人　労働政策研究・研究機構公開データより

次に、日本における報酬の差について見てみる。

表1は、所得に対する税率と控除額を示したものだ。この表の使い方を簡単に説明すると、「課税される所得金額」が700万円の場合には、求める税額は次のようになる。

700万円×0．23－63万6千円=97万4千円

日本の課税方式は、累進課税方式なので、所得金額が上がるほど、課税される税率が上がってくるのだ。まず、この構造を理解した上で、表2のサラリーマンの額面年収に対する手取り額を見てみよう。手取りは、扶養家族などによって変動するので、妻と高校生の子供が一人と大学生が一人をモデルとして試算したものなので、一つの目安として見てもらいたい。（深田晶恵『サラリーマンのための「手取りが」増えるワザ65』ダイヤモンド社）

例えば、額面年収が700万円の人の手取りは、556万円になる。額面年収1，000万円の人と比べると、額面年収の差は300万円あるが、手取りになるとその差は、214万円となり、差が小さくなる。さきほど見てように、日本の税率は累進課税方式だからだ。管理職で、年収1，000万円を超えたと言っても、せいぜいこの程度の差しかない。副業や配偶者のパートなどで稼げば、その差はほとんどなくなる金額だ。

しかも、年収が上がってくるとＱＯＬ（生活の質）が上がってくる。例えば、第三のビールだったものが、発泡酒になり、ビールになってきて贅沢になってくるから、消費額も上がってくる。したがって、日本においては、額面の差がそれほど大きな差にはならないのだ。

話は、さきほどの山崎氏著書に戻ろう。山崎氏は、さらに、「もちろん、人間に対する評価とは別ものです。（日本流のマネジメントではこの点を混同させようとしますが）。出世を自分のプライドにすることは、他人の作った価値に従う行為です。」と述べている。

会社にどっぷり浸かって、出世街道まっしぐらでいる時には、山崎氏が言われることには気がつきにくい。肩書が人間を評価するものだと大きな誤解をしがちだ。そして、昇進すると、偉い人間になったように錯覚するのだ。会社での地位は上がったかもしれないが、決して人間としての価値が向上したわけではない。

会社人間から脱出するためには、肩書のような他人の作った価値に躍らせることなく、自分ならではの評価基準を創ることが必要になってくるのだ。そうすると、働き心地や報酬の差の問題が小さな問題に見えてくるはずだ。もちろん、それが耐えられないものであると自分自身で判断したら、転職や独立するもの一つの方法ではある。

さらに、山崎氏は「精神のバランスと日々の張り合いのためには、「出世」に代わる自分の価値観を持つことがどうしても必要です。出世から離れた「仕事内容自体」でも、趣味でも、副業でも、恋愛でも、社会活動でも、会社の出世以上に価値を置くことができる「自分のための価値」（家族や他人の為の何かではなく、あくまで自分にとっての価値です）を是非見つけて下さい。会社でいうと社長になる人でない社員は「出世」以外の価値を、遅かれ早かれ探さなければなりません。」と述べている。

令和時代の生き方・働き方をするためには、出世に対する価値基準を変えると共に、出世以上に価値を置くことができる「自分のための価値」を見つける必要があるのだ。

表1； 所得税の速算表

国税庁ホームページより

課税される所得金額	税率	控除額
195万円以下	5%	0円
195万円を超え　330万円以下	10%	97,500円
330万円を超え　695万円以下	20%	427,500円
695万円を超え　900万円以下	23%	636,000円
900万円を超え　1,800万円以下	33%	1,536,000円
1,800万円を超え4,000万円以下	40%	2,796,000円
4,000万円超	45%	4,796,000円

表2； 額面年収と手取り額

額面年収	手取り額	年収	手取り額
300万円	254万円	800万円	630万円
400万円	334万円	900万円	702万円
500万円	409万円	1000万円	770万円
600万円	484万円	1100万円	836万円
700万円	556万円	1200万円	902万円

※深田晶恵『サラリーマンのための「手取りが」増えるワザ６５』ダイヤモンド社より

第三節　サラリーマンをしながら起業する

会社人間は、仕事への時間が人生の大半を占め、本当に自分は何をやりたいのか、何をやりたかったのかを考える時間を会社にささげて来た。会社でやってきたことは、できることかもしれないが、やりたいことではなかったかもしれない。もちろん、やりたいことがその後の人生でも続けられるならそれに越したことはないが、やりたいことと、今後も続けたいことは別であると考えている人も多いのではないか。

自分のやりたいこと、できること、今後も続けたいを探すのは試行錯誤の時間が必要だ。一生続けられる仕事だけではなく、ボランティアや趣味に没頭するのでも良い。人生１００年時代だとすれば、定年後の人生の後半戦も視野に入れて考える必要がある。

したがって、会社人間を辞めて、社畜から脱して会社に残ると決めた人は、残業をしている暇はない。いままで、会社に時間をとられてやりたいことや家族と一緒に過ごす時間をおろそかにしてきた時間を、まず、取り返す必要がある。そして、自分が今後何をやったらイキイキできるかを考え、行動する時間を積極的につくる必要がある。

では、こうした時間をつくるには、我々サラリーマンはどうしたら良いのだろうか？

雑誌SAPIO、2018年5・6月号で、大前研一氏は、次のように述べている。「会社に勤めている間に起業の「予行演習」をしておく必要がある。それを40歳で始めれば、3〜4年かかる仕事に60歳までの20年間で5〜6回チャレンジできる。50歳で始めたとしても、2〜3回は可能である。」続けて、「具体的な方法としては、去年のスケジュール帳を見て3　割サボることを考え、その時間を予行演習に使う。普通の日本企業の場合、3割くらいサボってもクビにはならないから、その恩恵を存分に享受すればよいのである。」

私は、大前氏の言われるように40歳から始めるのは、早すぎると思う。40歳と言えば、ちょうど会社人間に油がのってきた？年齢であるし、社内の中でさらに自分の立場を上げられる。しかも、これまで培ってきたノウハウや人間関係を駆使しながら自分を磨くチャンスの時でもあるからだ。

もし、その年齢で会社を見切るのであれば、転職して新天地で、もう一度自分の実力を試すのが良いと思う。もしかしたら、次の会社で運や評価をしてもらえる上司に遭遇し、活躍できるチャンスが得られるかもしれない。もちろん、自分のやりたいことがあって、すぐに起業するのはリスクがあるというなら「予行練習」をするのも良いでしょう。

５０歳をすぎたら、会社基準の価値ではなく、自分のための「自分ならではの価値」を見つけることが必要だ。さんざん働いてきたのだから、起業するのではなく、趣味やボランティアなどに価値を見い出したり、会社に残って後輩の育成なり、自分の仕事に喜びを見出せるならそれでも良い。

しかし、いままで述べたように、時代は大きく変わってきている。死ぬまでお金を枯渇させない必要もあるだろうし、定年後の長い時間をどう有効活用し、人生を充実させるかも考える必要がある。もちろん、そのやり方は、それぞれの人生であるし、その本人の価値によるものだし、本人の健康や家族の状況（両親の介護など）、経済的な部分も含めて、最終的には本人が決めることになるのであろう。

今の日本の会社は、一部のトップ層を優遇し、高い報酬をもらう一方で、中高年に対しては役職定年制度や定年制度などにより、切り捨てていくだけで、モチベーションを上げるような施策を講じずに、おとなしく定年を待ち、姥捨て山に捨てるような扱いをしている。

そうであるならば、これからのサラリーマンの生き方として、私は、大前氏の主張する起業にチャレンジする選択肢もありだと思う。人生の最後は、一国一城となり、他人に指示されるのではなく、自分が社長になって決めていくのだ。

私は、「サラリーマンでありながら起業する」ことにチャレンジしている。それは、経済的な理由や持て余す時間を有効活用するという理由だけではない。一度きりの人生を自分が経験し、学んだことを生かし「社会に役に立つ仕事をしたい」ということが最大の理由である。第五章第2節の「仕事の報酬とは何か」でも紹介したが、この年になって、人に役に立つこと、人に喜んでもらうこと、人に必要とされることに、人生の意義を見出したからなのだ。

大前氏が言っているいままで会社に使っていた時間の3割を、起業の「予行演習」として使っている。具体的には、朝7時から9時までの2時間は、会社の光熱費やパソコンを使って起業の準備をしている。早朝には、人が少ないので集中できるし、頭がさえているので作業が捗るのだ。

また、会社で隙間時間ができたら、その時間を使って作業をするのだ。そして、就業時間中は、やるべきことだけをやる。特段急ぐ案件がなければ、定時に帰り、家族との過ごす時間を大切にする。もし、仕事で失敗をしたら潔く謝ればいいのだ。会社以上の価値をもっているのだから、当然そちらを優先すべきだ。

最近は、在宅勤務やＴＥＬワークができるので、その時は起業時間のチャンスだ。会議もないし、周りから話しかけることもないので、メールを処理したら、残りの時間を全部使う。もちろん、年次有給休暇も活用し、社外の人にあったり、セミナーに行ったり、まとまった時間を起業の準備時間にあてるのだ。

このように会社をうまく使うことを心がけることが重要だ。会社の光熱費やパソコンなどを活用するだけでなく、自己啓発やマネジメント力の向上といった大義名分をもって教育訓練費を使って、起業に必要な研修やセミナーに通うこともやっている。もちろん、会社の業務に役に立つというのが前提だ。会社の就業規則に反しない範囲で、会社をうまく使うのが大原則だ。

週末起業。このコンセプトは、中小企業診断士の藤井孝一氏が発案したものであるが、週末の時間だけでは足りないというのが実感だ。したがって、平日と週末を合わせた時間を使う、ハイブリッド起業を行っている。ネットで「ハイブリッド起業」と検索すると企業に勤めながら副業で起業するらしきことが書かれてある。まさに、時間の使い方もハイブリッドで行っているのだ。

ただし、副業をする際に注意が必要なのが、勤務先が副業を認めているかどうかだ。私の場合は、副業が認められているので問題はないが、認められていない企業に勤めている場合は、慎重に進める必要がある。

また、起業を準備する上で忘れてはならないことは、家族と健康が第一優先で、自分のやりたいことは、第二優先であることだ。もちろん、今いる会社の仕事は、生活をしていく上での単なる手段と割り切ることだ。今の会社には、30年以上貢献し、若いころはサービス残業を何十年とやってきたので、それくらいでちょうど良いと正直思っている。冗談話に、現在の残業申請基準を昔に適用したならば、一軒の家が建ったと同僚たちと笑う。

第四節　ポートフォリオ戦略でサラリーマンを生きる

「サラリーマンをしながら起業する」を実践しているといったが、副業という視点で面白い記事を見つけたので紹介したい。早稲田大学ビジネススクール教授の山田英夫氏が書いた「50歳になったら副業を」の記事だ。その内容を要約すると、大企業に勤める50歳以上のシニア層に対しとした上で、

1. 大企業は、50~55歳で役職定年を適用され、給与が大幅に減らされる。
2. 教育費や住宅ローン残っている人も多い
3. 給与ダウンによるモチベーションダウンに課題
4. 役職定年を機に週1回程度の複業※を解禁
5. 人生100年時代。定年後を見据えた離陸期間が必要
6. そういった「滑走路」を用意するのも、企業の重要な役割

※会社に知らせずにやる「伏業」、本業の収入を補う「副業」、NPOのような

社会的事業に従事する「幅業」、複数の異なる仕事を持つ「複業」と定義

上記1～3は問題点を言っていて、その上で4～6でその問題点に対する対応策を提案している。そういう意味で、50歳というのは、定年後を見据えて複業を行うにはちょうど良い年齢なのだろう。起業すると大上段に構えるのではなく、まずは気楽に副業から始めるのも良い方法だと思う。30代、40代では、会社にどっぷりつかって、ガッツリ仕事を行う年齢だと思うが、50歳で会社人間を卒業して複業を行うのは大賛成だ。

しかも、これはなにも大企業に勤めるサラリーマンに限った話ではない。人生100年時代であるから、前節で示したように、85歳くらいまでは健康で生きられるとして、1日に8～9時間の自由時間があったとすると、60歳で定年退職してからの25年間で約80，000時間になる。これは、40年間会社勤めした場合の生涯の労働時間68，760時間を超える時間になる。この80，000時間を「人生の黄金期間」と言う人もいるが、誰もが、この期間を充実して生きる必要があるからだ。

会社に大きく依存していた人生が終わり、新たな人生をスタートするための準備は、誰もが必

要だ。会社を客観視し、会社所属の人間から素の人間にシフトするのは、まさに50代はうってつけの年齢だ。役員になって上を目指していく人でも、いつまでも会社に居られるわけではない。もちろん、会長や相談役や監査役で会社にいつまでも残っていくごくごく一部の人は別だ。

このタイミングを逃して会社の仕事だけを行い、何も行動しないと、第四章で書いたような「会社人間の哀れな末路」が待っている。濡れ落ち葉族だったり、熟年離婚をすることになりかねない。中には、定年後にアイデンティティーを失い、「うつ」病になる人や最悪のケースで自殺をする人もいる。ミドルエイジクライシスの最悪のパターンだ。

ただ、山田氏が言うような「滑走路」を企業に期待するのはどうかと思う。いままでの会社所属の人間となんら変わらず、会社依存の人生になってしまう。会社がやってくれないから、会社の施策が悪いからといっても何も変わらない。しかも、そういった制度ができるかもわからない。会社に期待せずに、自分所属の人生に精神的にも、経済的にも自立し、ドラッカーが言うように早めに会社から乳離れをするべきだと思う。

サラリーマンをしながら起業をするにあたって時間の使い方について第三節で説明した。今度は、どのように事業を育てていくかをボストンコンサルティングループ（ＢＣＧ）が考案した「プロダクト・ポートフォリオマネジメント」を使って紹介してみたい。もちろん、起業とは言っても、山田教授が言われている「複業」（複数の異なる仕事を持つ）であり、試行錯誤をしている段階あるが、何かの参考になればと思う。

会社で得られる固定収入を「金のなる木」として生み出したキャッシュフローを問題児、つまり現在取り組んでいる仕事や趣味につぎ込む。あるいは、将来やりたい事業や仕事、もしくは趣味に研究開発費としてつぎ込み、サラリーマンでいる間に育てる。そして、あわよくばキャッシュを生み出し、「花形」に育てていく。もちろん、すべてが花形商品や金の成る木になるわけではないが、何も行動しなければ現実は変わらない。

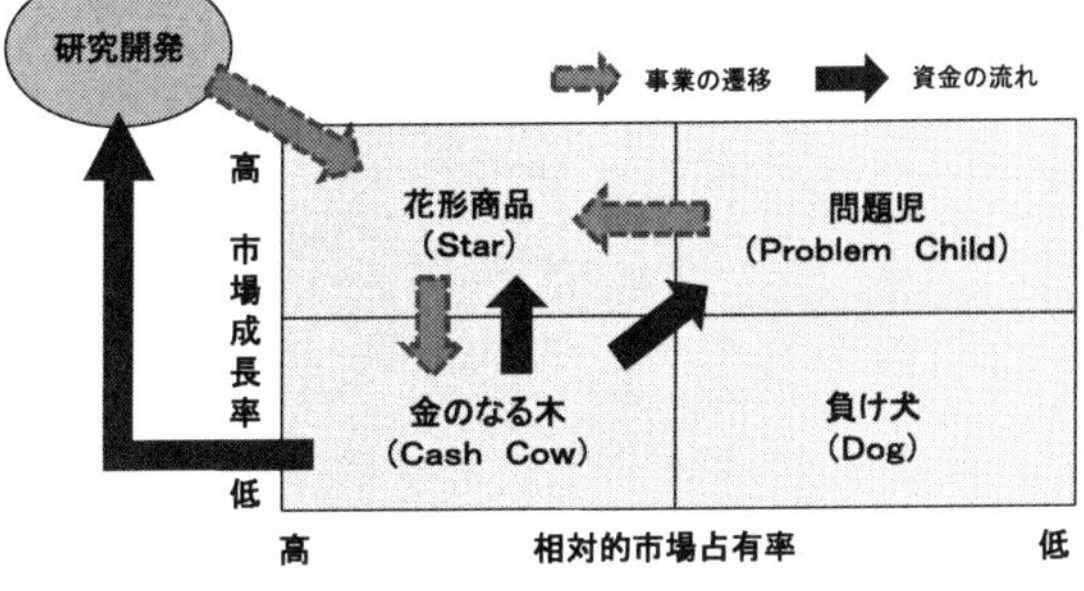

図2；BCG（ボストンコンサルティンググループ）のプロダクト・ポートフォリオ・マネジメント

いろんなことにチャレンジして、結果としてたくさんの「負け犬」を生み出して、捨てることになるかもしれない。ただし、十分なキャッシュを生み出さなくても、自分がやりたくて、好きな仕事や趣味であれば捨てる必要はないと考える。この点は、ビジネスとは全く異なるのだ。複業の採用基準は、お金ではなく、自分がワクワクするか、人の役に立っていると自分が実感できるかで考えれば良いと思う。

経営の教科書には、自分の得意とする分野を見極め、限られた経営資源を効率的、効果的に活用するために、その事業分野に集中的に経営資源を投下すると書いてある。しかし、複業の場合はそうではない。大前氏が言っていたように、「予行演習」を何回も試せばいいのではないか。自分のやりたいこと、好きなこと、ワクワクすることをたくさん試す必要があるから、効率を考える必要はない。

もちろん、会社人生において、経理や営業、特定技術など得意分野を持っていて、これからの人生もその仕事が好きで、やりたいと思っている人は、その分野でこれからも生きて行けばいい。また、すでにやりたいこと、好きなことが見つかっている人は、その事業に集中投資しても良い。

しかし、私の場合は、会社でやってきた業務が必ずしもやりたいこと、好きなことではない。また、やりたいことも沢山あるので、いろいろなことに挑戦している。もちろん、会社で経験して培った論理的思考やマネジメント能力やパソコンのスキルなどビジネスを行う上での基盤となるものを活用するのは大前提だ。

次節で、具体的にどのような「複業」を行っているのかを紹介したい。

第五節　ワクワク基準で働く

複業に挑戦する時に最も大切しているのが、ワクワクするということだ。マイクマクナス氏の著書「ソース～あなたの人生の源は、ワクワクすることにある」は非常に参考となる。彼は、「ワクワクすることは、「すべて」やろう。優先順位はつけるな。すべて同時にやる。」「下手でも苦手でも、やりたいことなら止めてはならない。現実的かどうか決めるのは自分自身。小さな一歩から、今すぐはじめよう。」「適正があると言われたからといって、それをする必要もなければ、好きになる必要もない。適正がなくてもワクワクすることなら、やったほうがいい。」ということを言っている。

中には、お金だけが目当てで副業（その場合は、複業ではない）をやる人もいるだろう。そういう人は、せどりや転売、輸入/輸出ビジネスや民泊といったたくさんの手段があり、ネットでも多くのやり方が紹介されているし、いくつも書籍も出版されているので、そちらをご覧になっていただきたい。

話をもとに戻そう。一般的にビジネスの世界では、限られたリソースを最大限有効活用するために、優先順位をつけるのが当たり前だが、複業はやりたいと思ったことはすべてやるのだ。前述のマイクマクナス氏が言っているように、人から適性があると言われたことよりも、自分自身がワクワクすることをやると決めて、まずは小さな一歩を踏み出すことが大切だ。

私がやりたいと思ったことの一つは、執筆だ。本を出版することがいままでやりたかったことだった。そのために、会社で稼いだキャッシュを使って、渋谷のライター講座に通うという小さな一歩を始めた。20代、30代の若い生徒と一緒に、書くことを学んだ。そして、2018年4月に自費出版ではあるが、日本で一番大切にしたい会社でも紹介されたラグーナ出版から「出世ができずに「うつ」になった中年ビジネスマンへ-精神科医との365日」を出版。作家としてデビューした。

すでに述べたことではあるが、出版して学んだことは、「本を書くということは、読者にとって必要で、かつ役に立つ情報を提供するということ。その結果として、人の役に立てることであること」だ。「本を出版することは、社会貢献ですよ。」とは、ラグーナ出版の社長である川畑様から教えられたことでもある。

出版した書籍の巻末にメールアドレスを書いて、数名の方からではあるが「非常に役に立った」「元気になった」との連絡があった。中には、大手出版社からのインタビュー依頼もあり、雑誌にインタビュー記事が記載された。人の役にたっているという実感を持つことができと同時に、川畑様の言われたことを本当に理解できた瞬間であった。

こういった経験をしたことで、ますます執筆をすることが好きになった。本書も、どなたかに読んでいただき、一人でも二人でも参考になり、少しでもその方が元気になって、その後の人生に役に立ってもらえれば、こんなにうれしいことはない。

「執筆によって人の役に立ちたいと」いう思いが強くなり、「サラリーマンのためのお金と暮らし」について1回/週のペースで副業として、執筆を開始した。これは、数年前に取得したファイナンシャルプランナーの資格を生かしたものだ。報酬はわずかであるが、私が書いたネット記事を読んで、一人でも役に立ってもらえる読者がいると考えるとワクワクする。したがって、報酬が安いからといって手を抜くことができない。また、これが花形商品になるかはどうでもいいことだ。

二つ目の福業は、投資だ。「貯金」が趣味でもあるから本格的に取り組み始めた。「サラリーマン投資家」として6年目に入るが、毎日、為替や株に関するニュースを聞きながら、株式やFX（外国為替証拠金取引）、IPO投資、仮想通貨で投資を行っている。昨年までは、なんとか毎年利益を上げることができた。（ただし、昨年はトントン）数年前に、好きだから取得したFP（ファイナンシャルプランナー）の資格も投資には非常に役に立っている。

中でも、仮想通貨は、一時は数倍になって美味しい思いをした。利益を確定し、一部勉強のためにと思って残した資産は、五分の一に落ちているので、将来の仮想通貨の動向を実体験するためにも売却せずに、勉強のつもりで持っている。

そして、1回/2か月は、資産運用に関するセミナーに通い、新たな情報や知識を得るようにしている。証券会社や日本経済新聞社などは、無料のセミナーもやっているので活用している。また、昨年末からは、資産運用に関して、元ファンドマネージャーであるメンターとも知り合い、指導も受けるようにしている。たまたま、FPが集まるセミナーの講師をしていて、名刺交換したことが始まりであった。運用方針の個別指導を受けていたおかげで、昨年末の日本株の大暴落時や年初のドル円暴落を想定していたので、それなりの利益を上げることができた。

もちろん、必ずしもうまく行っているわけではないが、投資を通じて、経済や政治の勉強をすることで、市場の動きを理解したり、予測できるようになることが面白いし、自分の予測が的中したときはワクワクする。また、お金に関するウンチクを語ったり、友人から資産運用の相談に乗るのは楽しい。

そうは言っても、大事な自分や家族が生活していくお金でもあり、老後のたくわえを考えると無理もできないので、安全資産と運用資産をしっかり分けて、リスクを分散して運用を行うことも忘れていない。

資産を増やし、ベンチャー企業や中小企業に投資する企業投資家になることを夢見ているが、資産総額が少ないので、老後資金を準備することで精一杯だとは思っている。いずれにしても、資産運用をすることは、人生１００年時代を考えると必須であると考えているので、今後も楽しみながら取り組んでいきたいと思う。

あとやりたいと思っているのが、ビジネスコンサルタントだ。これは、会社人生で培ったビジネスの知識と23年前に取得した中小企業診断士としての資格を生かしたいと思っている。会社にいながら、業務を通じてロジカルな仕事をすることを基本に、会社の費用を使って、セミナーや研修を受講し最新の経営情報を得るようにしている。もちろん、会社の業務に役に立つという大義名分がポイントなので、そこは知恵を働かせる必要がある。

現在、新たな人材育成、組織開発のツールとしてREBT（論理情動行動療法）の心理士の資格を取得すべく、研修を受講している。昨年末に、REBT心理士捕の資格を取得できたが、あと2年かけて心理士の資格を取得したいと思っている。同時に、同期の中小企業診断士で、実際にREBTを活用したコンサルを行っている仲間とも情報交換しながら勉強会を実施したり、企業コンサルを行っている。

実は、その仲間とは診断士を取得してからの23年間の付き合いが続いている。私が、REBT心理士を目指すようになったのも、彼の勧めがあったからだ。精神疾患の方を対象としたカウンセリングではなく、心理学を活用して、人間関係の悩みや人生の悩みを解決することに貢献する。組織を活性化し、イキイキと働ける職場づくりに貢献するのが目標だ。

そういったコンサルの活動は、土日を活用したり、フレックスや年次有給休暇などを活用して平日も行っている。花形になるかわからないが、人の役にたてるスキルを身につけたいという気持ちから挑戦している。

先日、20数年間コンサルタントとして、9年間起業コンサルタントとして活動をされている方と会食をする機会があり、こういった取り組みを包み隠さずに話をしてみた。話をして気がついたことであるが、執筆やコンサル業に共通するミッションは「日本のビジネスマンを元気にすること」であることだ。

少し大げさかもしれないが、そういった志を忘れず、常に心に抱きながら活動を進めていきたいと思う。

やりたいことがたくさんあっていろいろ手を出しすぎているかもしれないが、今は、試行錯誤の段階ではあるが、少しずつ形になってきた実感がある。会社人生では、やりたくないことでもやってきたが、これからの人生は、自分が主導権をもって、自分自身がやりたいと思っていることと、人に役に立てることをやっていきたいと思っている。

そういった行動を通じて、「自分ならではの価値」を発見し、これからのたった一度の人生をワクワクしながら、過ごしていきたい。そういった自分自身に期待していきたいと思っている。

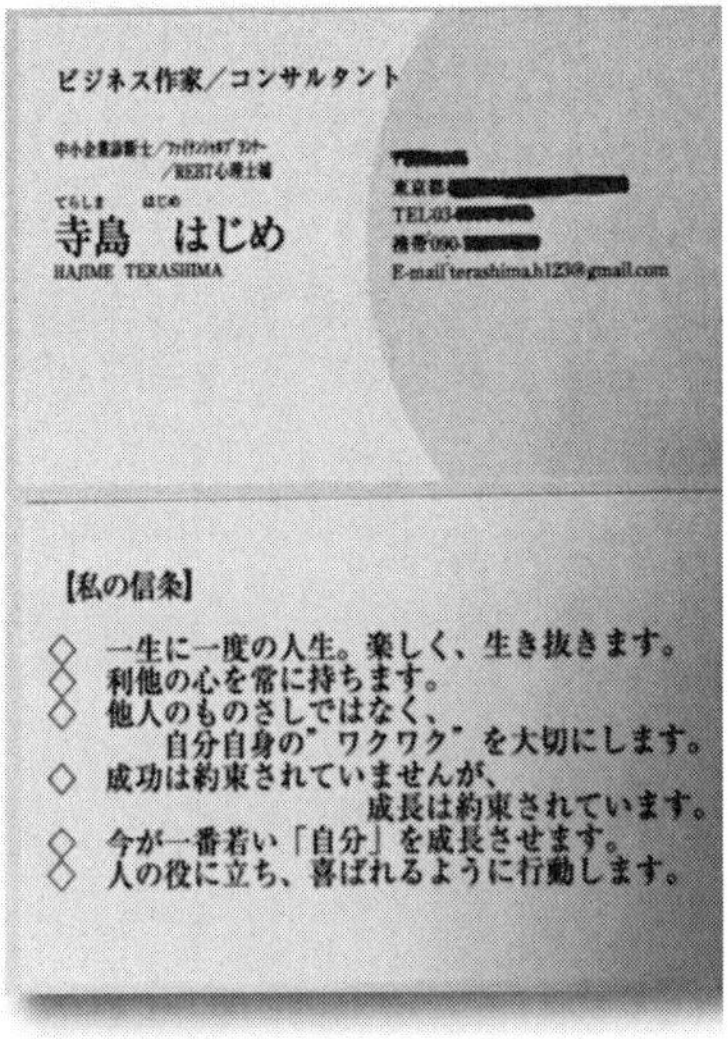

「寺島はじめ」会社以外の名刺

現在、サラリーマンではなく、上記のような名刺を作成し、会社以外の活動をする時に活用している。裏面の私の使命は、結構自分では気にいっている。どこかで、みなさんとお会いする日を大変楽しみにしています。

エピローグ

「定年後に大輪の花を咲かせるために、人生で一番大事なのは雌伏期の過ごし方である」

これは、2019年3月11日ダイヤモンドオンラインで明治大学専門職大学院グローバル・ビジネス研究科教授の野田稔氏のコラムで述べられていたものだ。

雌伏期とは、「実力を養いながら活躍の機会をじっと待つこと」であるが、会社人間や社畜だったものが、価値基準を「会社」から「人生全体」へ自己変革する期間と捉えることが出来るできると考える。

そして、その大事な期間の過ごし方として次の5つのことを推奨している。

1、後ろを振り返るのをやめて、悪いことはさっぱり忘れ去り、違った自分になる

2、とにかく「人に会って話しを聞け」
3、面白いことを求めて動き、楽しいと思えることに思いきり時間と体力を使う
4、適当に仕事をする。やるべきことはちゃんとやるが、それ以上でも以下でもない
5、面白いことが見つかったら、パラレルキャリアの道を歩み始めるのが良い

この5つのことを本書に照らし合わせて考察してみる。

まず、「違った自分になる」とは、第七章で詳しく述べたように、会社から与えられた価値基準を自分ならではのものに自己変革し、行動で示すことだと思う。そのためには、第五章で述べた会社と個人のあり方や、第六章「会社人間」から脱出する内容を踏まえた上で、後ろを振り返るのをやめて、悪いことはさっぱり忘れ去ることも必要だ。

自己変革するために、人に会って話しを聞くこともたしかに重要だが、もっと大事なのは、「自分に聞け」ということだと思う。もちろん、人の意見を聞いた上で自分がやりたいことはなにかと自問するという意味だとは思うが、人の考えより自分がワクワクするものは何かを内省することが重要であることを再確認しておきたい。

第7章でも述べたが、人から適性があると言われても、自分がワクワクするとは限らないのだ。人の意見を聞くことが目的ではなく、自分の人生を生まれたときから振り返り、本当にやりたい事、やりたかった事を自己確認する作業が重要だ。

面白いことを求めて動き、楽しいことに思いきり時間と体力を使うということも大賛成だ。自分を変えるためには、時間と体力が必要だ。本書の中でも、第七章で時間の使い方やポートフォリオで生きる方策も、具体例で説明しているので、思い起こして頂きたい。

そして、野田氏が定義する「適当に仕事をする」ことも大賛成である。第七章第三節でも述べた。合わせて、会社の光熱費やパソコンといったインフラや休暇制度や教育訓練費などを「自分会社」のリソースとして、就業規則の範囲内で、うまく使うことも忘れてはならない。

最後に、「面白いことがみつかったらパラレルキャリアの道を歩み始めるのが良い」とは、本書でも主張していることだ。

サラリーマンをしながらパラレルキャリアの道を歩み、「定年後　―50歳からの生き方、終わり方」（中公新書）でベストセラー作家となった楠木新氏は、私の人生のモデルでもあり、尊敬している人の一人でもある。

彼は、「複業はもう一人の自分をつくることで、それが社会と直接つながっていることに生きがいを感じている」と言っている。本書でも何度も述べているが、人の役に立つこと、社会貢献することを直接肌で感じることが、「会社人間の末路」の先の生き方・働き方働くことの原動力になるのだ。

本書は、自分が会社人間や社畜と少しでも気づいたら、会社が理不尽であると感じた人たちに、少しでも元気になってもらって、人生１００年時代を見据えて、今後のサラリーマン生活をする上での生き方や働き方の参考の一つになってもらいたい思いで書いた。つもりです。

また、一度は会社にどっぷりつかって、会社人間になっても良いが、本書にあるような哀れな会社人間になることを避け、自分自身の人生を取り戻し、素の人間に戻り、会社に縛らずに会社と対等に生きること、そして会社をうまく使って、やりたいこと、好きなことを追求する。

そして、「自分ならではのワクワク基準で生きる、働く」

これを具体的に行動に移し、一生に一度の人生を楽しく、充実して生きることができ、さらに大輪の花を咲かせられるためによう、皆さんにほんの少しでもお役にたてれば幸いです。

プロローグでも書きましたが、新時代の「令和」とは、すばらしいおだやかな、争いのない時代という思いが込められています。「令和」の時代がビジネスマンにとって、過労死がなく、他人と争うのではなく、お互いの強みを伸ばしつつ、協調してイキイキと働ける、すばらしい時代になることを祈願しています。

尚、本書に関する感想や問い合わせは、terashima.123@gmaol.comまで連絡いただけると幸いです。

令和元年　5月1日　寺島はじめ

参考文献

▼咲村観『経営者失格』、講談社、一九八一
▼朝日新聞社会部『会社人間のカルテ』新潮社、一九八六
▼田尾雅夫『会社人間はどこへいく』中公新書、一九九八
▼朝日新聞社会部『「会社人間」たちの末路』ダイヤモンド、一九九八
▼岩松英輔　100分de名著『石牟礼道子「苦海浄土」』NHK出版、二〇一六
▼NHK出版『サラリーマン川柳　よくばり編』NHK出版、二〇一四
▼左高信『人間が幸福になれない日本の会社』平凡社、二〇一六
▼河野義行『今を生きるしあわせ』鳳書院、二〇一二
▼高杉良『出世と左遷』新潮社、二〇一八
▼高杉良『辞令』文藝春秋、二〇一七
▼池井戸潤『オレたちバブル入行組』文藝春秋、二〇一三
▼成毛眞『四〇歳を過ぎたら、定時に帰りなさい』PHP研究所、二〇一六
▼酒井光雄『男の居場所』マイナビ出版、二〇一八

▼江上剛『会社人生、五十路の壁』ＰＨＰ出版、二〇一八
▼江上剛『ビジネスマンのための「幸福論」』祥伝社、二〇一五
▼江上剛『会社を辞めるのは怖くない』幻冬舎、二〇〇七
▼江上剛『働き方という病』徳間書店、二〇一六
▼江上剛『病巣・巨大電機産業が消滅する日』朝日新聞出版、二〇一七
▼マイク・マクナス『ソース』ヴォイス、二〇一二
▼スティーブン・Ｒ・コヴィー『完訳 7つの習慣 人格主義の回復』キングベアー出版、二〇一三
▼Ｐ・Ｆ・ドラッカー『現代の経営上・下』ダイヤモンド社、二〇一八
▼Ｐ・Ｆ・ドラッカー『経営者の条件』ダイヤモンド社、二〇一六
▼楠　新『定年後―五〇歳からの生き方、終わり方』中公公論新社、二〇一七
▼楠　新『「こころの定年」を乗り越えろ―四〇歳からの「複業」のススメ』朝日新聞出版、二〇一五
▼楠　新『定年準備』中公公論新社、二〇一八
▼楠　新『会社に使われる人会社を使う人』ＫＡＤＯＫＡＷＡ、二〇一九
▼田坂広志『仕事の報酬とは何か』ＰＨＰ研究所、二〇〇八
▼田坂広志『逆境を超える　こころの技法』ＰＨＰ研究所、二〇一七
▼パク・ジョアン・スックチャ『会社人間が会社をつぶす』朝日新聞社、二〇〇二

▼日野瑛太郎『脱社畜の働き方』技術評論社、二〇一三
▼内館牧子『終わった人』講談社、二〇一六
▼山本直人『50歳の衝撃』日経BP社、二〇一八
▼山崎元『仕事とお金で迷っている私をホンネでズバッと斬ってください』すばる舎、二〇一六
▼深田晶恵『サラリーマンのための「手取り」が増えるワザ65』ダイヤモンド、二〇一七

寺島　はじめ（てらしま　はじめ）

東京下町生まれ。
早稲田大学卒。
大手製造メーカーに勤務。
全社的品質マネジメントの担当部長。
中小企業診断士・REBT心理士補・
ファイナンシャルプランナー。

寺島はじめ

中年ビジネスマンのための令和時代の生き方・働き方
～理不尽な会社をうまく使う方法～

二〇一九年七月八日　初版発行
発行所　日本橋出版
〒103-0027　東京都中央区日本橋二-二-三-四〇二
https://nihonbashi-pub.co.jp
発売元　星雲社
〒102-0005　東京都文京区水道一-三-三〇
電話〇三-三八六八-三二七五
印刷・製本所　日本橋出版
※落丁・乱丁本はお取替えいたします。
※価格はカバーに表示してあります。